GUIDE
DES MUR PEINTS
DE LYON

Cité de la Création

Dans la même collection :

Guide des aqueducs romains de Lyon, Jean Burdy, 1999

Guide des églises de Lyon, Dominique Bertin et J.-F. Reynaud, 2001

Ponts et quais de Lyon, Jean Pelletier, 2002

Crédit photographique :
© Cité de la Création
Sauf : Gérald Gambier :
p. 10, 11, 37, 39, 42, 44, 46, 54, 57, 61, 65,
Cl. Fézoui : p. 16
Eric Bernath : p.83

Cliché de couverture : Gérald Gambier

44, Grande Rue - 69600 OULLINS
Tél. 04 78 50 44 57 - Fax. 04 78 50 32 12
E.mail : **cc@cite-creation.fr**
Site Internet : **www.cite-creation.com**

2, quai Claude-Bernard - 69007 LYON
Tél. 04 78 72 49 00 - Fax. 04 78 69 00 48
E.mail : **editions.lyonnaises@wanadoo.fr**
Site Internet : www.editions-lyonnaises.com

Françoise KAYSER

GUIDE DES MUR PEINTS DE LYON

CITÉ DE LA CRÉATION

EDITIONS LYONNAISES D'ART ET D'HISTOIRE

Le mot de l'éditeur...

Le Mur du Cinéma, cours Gambetta

LYON s'est prise d'affection pour ses murs peints qui rythment les balades, de quartier en quartier. «C'est l'art à fleur de mur, au coin des rues, au fond des yeux. Un miroir tendu à notre époque.» La Fresque des Lyonnais, le Mur des Canuts, la Bibliothèque de la Cité, le Musée Urbain Tony Garnier, le Mur du Cinéma, le Théâtre des Charpennes... l'histoire de l'agglomération est mise en scène à la verticale par des muralistes qui ont pour nom Cité de la Création et qui ne se produisent pas qu'à Lyon... Des trompe-l'œil égarent l'esprit, des fenêtres s'ouvrent, des scènes reconstituées masquent les pignons aveugles et, dominant les carrefours (un regard appuyé, vite, avant de repartir), l'harmonie des couleurs flatte l'œil et apaise le passant. Le credo des muralistes ? Ils revendiquent «l'esthétique comme une des composantes fondamentales de l'aménagement de la ville et de la communication urbaine...» Alors, certains murs portent la légende, d'autres se font le fil conducteur du premier musée urbain du monde à ciel ouvert, d'autres encore murmurent dans la ville comme autant de haltes à découvrir, absolument. En promenade, à pied ou en voiture, en flânant ou au détour d'un carrefour, les murs de Lyon vous parlent laissez-vous guider...

«LES MURS, C'EST LA PEAU DES HABITANTS»

Depuis plus de vingt ans, les artistes de l'atelier oullinois Cité de la Création inscrivent cette revendication avec des couleurs, des personnages et des trompe-l'œil sur les murs des villes de France et du monde entier.

A Lyon, leurs murs peints forment un circuit spectaculaire qui leur vaut une reconnaissance internationale. Chaque année, ils attirent davantage de visiteurs : des touristes, mais aussi des familles, des gens d'ici, jeunes ou moins jeunes, s'arrêtant devant les fresques murales, montrant à leurs amis comment aujourd'hui, à Lyon, les murs parlent...

En effet, les murs parlent : parfois, ils murmurent, parfois ils hurlent, ils bruissent des histoires du passé, ils créent des musiques dans nos têtes de citadins qui se croyaient revenus de tout, ils évoquent l'avenir. Ils font bloc contre la grisaille du quotidien, et aussi contre la culture passe-partout qu'on voudrait nous imposer au nom de l'universalité des styles.

Les artistes Cité de la Création créent de nouveaux lieux qui sont autant de scènes de découvertes et d'échanges, «de simples traces, éphémères, fragiles parce qu'humaines...» En contrepoint des images normalisées sur ordinateur, ces traces se veulent des moments de rêverie : fragments de vie sur fragments de ville.

Devant le mur de la Bibliothèque de la Cité

LES MURS PORTEURS
Ils fondent la renommée du groupe

1. LE MUR DES CANUTS

Et s'il n'en restait qu'un...

Boulevard des Canuts, Lyon, 4e
1200 m^2 - 1987, puis 1997
Complété en mars 2002

Et s'il n'en restait qu'un, ce serait celui-là... Le Mur des Canuts est une fresque majeure par sa taille -c'est la plus grande d'Europe- et par son histoire, aussi dense que le mur lui-même puisqu'elle a connu deux visages en dix ans.
En 1987, répondant à une commande, l'atelier Cité de la Création avait peint un premier morceau de ville dans cette portion si attachante de Lyon qu'est la Croix-Rousse. Ce quartier, que les muralistes connaissaient bien pour y avoir fait leurs premiers pas ensemble, tout près de l'Ecole des Beaux Arts, les interpellait à nouveau. Il leur fallait ouvrir l'horizon à partir d'un immense mur aveugle, véritable plaie béante, sur lequel les habitants butaient jusque-là mélancoliquement. Et c'est ainsi que l'atelier Cité de la Création fournit des perspectives, esquissa une haute volée d'escaliers, comme celles qui sillonnent la colline, redonna des couleurs à la muraille lépreuse, perça des fausses fenêtres à côté des vraies et offrit ainsi à tous le record du plus grand trompe-l'œil d'Europe.
A droite, une maisonnette à l'enseigne désuète annonçait la couleur : «Au rendez-vous des gones», on avait envie de s'arrêter boire un verre. Tandis que Guignol et la mère Cottivet s'agitaient dans les étages, quelques habitants qui avaient prêté leur (meilleur) profil aux muralistes fournissaient la matière humaine à cette trame picturale.
Le succès public fut immédiat : toute la ville vint «visiter» le trompe-l'œil comme un monument, ce qu'il est en réalité. Et s'enfla la rumeur du pigeon qui avait voulu atterrir sur le toit, et du clochard qui avait voulu s'allonger sur le banc...

Détail des nouveaux changements du Mur des Canuts après le percement de la traboule

Le Mur des Canuts a très vite fabriqué sa propre légende : toute la ville parlait du mur et le mur parlait de la ville.
Dix ans après, l'atelier Cité de la Création, qui s'était promis de faire évoluer la fresque en fonction du quartier mit son dessein à exécution : la structure d'origine est restée, mais la composition graphique a joué avec l'idée de la réhabilitation de la Croix-Rousse. En redonnant des couleurs aux façades, en créant un immeuble moderne à la place de la maisonnette qui abritait «Au rendez-vous des gones», l'atelier amène la fresque vers d'autres significations, dans un aller-retour sans fin entre la réalité et l'illusion.
Il ne s'agissait pas de perfectionner le travail des muralistes, mais de le consolider en le transformant. «Faire et refaire, c'est quitter l'uniforme, inciter au buissonnier, rappeler que le voyage est toujours possible, tant qu'il y aura des rues», remarquait un journaliste lors de sa deuxième inauguration. Le souvenir du premier mur est à même le second : rappel malicieux en est fait dans le castelet de Guignol. Nous pouvons mesurer ainsi combien l'escalier, artère vitale de l'espace croix-roussien, s'est peuplé en dix ans !
Le mur fonctionne toujours comme un miroir de la ville, et particulièrement de la Croix-Rousse avec des personnages qui sont effectivement des habitants du quartier et dont l'histoire est empreinte par lui : Paulette la bouliste, Georges le canut, Robert le cantonnier, Charly le forain... Les quelques figurants de la première version apparaissent aussi sur la nouvelle fresque, avec dix années de plus : le jeune homme qui montait son vélo sur le dos tient maintenant un enfant par la main, la fillette est devenue une jeune fille, les mamies ne papotent plus.
Le passage du temps n'est pas dénué de nostalgie : il efface, il recompose, comme le fait ce mur. D'ailleurs, les artistes eux-mêmes se sont représentés -en groupe cela va de soi- en train de kidnapper l'effigie de Guignol : l'acte est non délictueux, bien malin qui pourra dire qui tire les ficelles...
Etage par étage, on pourrait détailler ce que sont les vies des locataires, réels ou imaginaires. Pour qui le *loft* d'artiste avec une grande baie vitrée ? Qui rendra visite à la mamie derrière son carreau ? Dans cet hommage rendu aux gens simples, l'atelier Cité de la Création a pensé aussi à ceux qui connaissent réellement des difficultés pour se loger. L'aventure artistique n'a pas seulement culminé à la hauteur des échafaudages (33 mètres, ce qui n'est pas rien), elle s'est doublée d'une aventure humaine, discrète mais efficace. Les partenariats économiques engagés par l'atelier Cité de la Création lui ont permis de réhabiliter gratuitement et d'offrir une peinture murale intérieure pour le local croix-roussien «La Rencontre» siège d'une association qui a accueilli des personnes en difficulté.
Mise en lumière : Service Eclairage Public de la Ville de Lyon.

Le Mur des Canuts à la Croix-Rousse. Il a été revu et corrigé…

BANQUE POPULAIRE
BANQUE POPULAIRE DE

2. LA FRESQUE DES LYONNAIS

Juliette est au troisième !

Angle quai Saint-Vincent/rue de la Martinière, Lyon, 1er
800 m² - 1995

Neuf mois pour une œuvre monumentale au bord de l'eau : ainsi naquit la Fresque des Lyonnais, au dos et sur les flancs d'un immeuble, face au quai de la Saône. Mais, la genèse de ce travail est due à la Catalogne, car l'atelier Cité de la Création venait de peindre une fresque à Barcelone à l'occasion des Jeux Olympiques, représentant trente Catalans célèbres. Le maire de Lyon, enthousiaste, en voulut autant pour sa ville.

Le reste de l'histoire appartient à la cité des Gaules : que la fresque soit visible de loin depuis le quai, comme pour édifier un pont d'images entre les humains rassemblés ici ; qu'elle inscrive sur ses façades 24 visages, soit 24 noms, 24 portraits d'hommes et de femmes qui ont traversé les siècles depuis deux mille ans pour resurgir en pleine lumière, tels des fantômes diurnes.

La Fresque des Lyonnais dans son environnement en bord de Saône

AVENTURE MARINE
CROISIERES
Tél 78 30 44 30

Tout est simple et bien ordonné, comme dans un livre d'images, dans cet immeuble typiquement lyonnais, où l'on accède par un (faux) escalier à vis. Dans les vitrines de la librairie sont représentées les œuvres d'une foule d'artistes lyonnais contemporains, musiciens, écrivains, peintres. Les plus jeunes, pas encore connus, rajoutent parfois délicatement leur nom en vitrine...
Des boutiques du rez-de-chaussée jusqu'en haut, l'immeuble bruit des discussions et des échanges, plus vrais que nature. Bernard Pivot, ignorant que Juliette Récamier est au troisième, franchit le pas-de-porte de la librairie. S'il avait su, il se serait arrangé pour l'installer sur sa méridienne, devant les caméras. Sa vivacité d'esprit et sa beauté auraient ému plus d'un téléspectateur !
Plus on grimpe dans les étages, plus on remonte le temps. Les hommes et les femmes de Dieu, les hommes et les femmes de Lettres, les scientifiques : d'un balcon à l'autre, le mur est un théâtre où l'on célèbre les rencontres de la beauté et de la renommée.
Elevons notre regard au niveau du quatrième étage, et promenons-nous d'une fenêtre à l'autre, de haut en bas, et de gauche à droite...

Au 4e étage : les saints au plus haut, au firmament de la fresque ! De profil, comme sur une image pieuse, **l'évêque saint Irénée** (fin du 2e siècle) regarde **sainte Blandine** et vice-versa. D'ailleurs, un insecte sur la façade semble faire l'aller-retour entre eux : normal, c'est une bête à Bon Dieu... La jeune femme, parce qu'elle était chrétienne, après avoir résisté aux taureaux furieux, fut égorgée par un soldat dans l'amphithéâtre des Trois Gaules, à quelques encablures du quai où nous nous trouvons. Cela se passait dans les premiers jours du mois d'août 177, sous le règne de l'empereur romain Marc Aurèle. Par chance, saint Irénée était absent de Lyon au moment de ces événements tragiques. En conséquence, c'est lui qui succéda au vénérable évêque Pothin, victime lui aussi de la persécution.

Au 3e étage : **Louise Labé** (1516-1566) converse avec **Maurice Scève** (1500-1560), texte en main. Echange de pensées, lecture d'une poésie ? Louise, dite la Belle Cordière, prépare sans doute le texte définitif de ses 24 sonnets éternels, frémissant de sensibilité, jouant avec la musique des mots, l'amour de la liberté et la jubilation de l'amour...
Juliette Récamier (1777-1849) : c'est bien elle, la belle femme accoudée avec élégance au balcon central. Elle est seule, elle attend de la visite. Des écrivains comme Chateaubriand, des peintres comme David fréquentaient assidûment son salon. **Claude Bourgelat** (1712-1779), était écuyer du roi Louis XV, et tellement passionné de chevaux qu'il mit tout son talent à les soigner et fonda l'école vétérinaire française. **Pauline**

Jaricot (1799-1862), la riche héritière consacrant sa fortune aux pauvres a-t-elle de son vivant fréquenté **Claudine Thévenet** (1775-1837), appelée familièrement «Glady», plus connue sous le nom de Mère Marie Saint-Ignace ? Cette religieuse toute dévouée fut déclarée «bienheureuse». Quant aux affaires de Pauline, réalisées pour le bénéfice des pauvres, elles se retournèrent bien souvent contre elle. Elle se rangea du côté des canuts, lors de la révolte de 1834, et fut mise au ban de la bourgeoisie lyonnaise et du clergé. **Claude**, le sage empereur romain (10 av. - 54 ap. J.-C.), né à Lyon, a laissé le souvenir d'une administration rigoureuse et durable. Un emblème très impérial, l'aigle, l'escorte et semble observer les bateaux qui pourraient arriver à quai.

Au 2e étage, **Claude Martin** (1735-1800): cet homme au regard sévère, sanglé dans son uniforme de dragon, a eu une vie aventureuse, sous le signe de la loyauté et de la philanthropie. Il s'engage très jeune dans la Compagnie des Indes orientales, et connaît de multiples péripéties au cours desquelles il organise le sauvetage de ses compagnons lors d'un naufrage, ou encore accepte de travailler pour les Anglais -en posant comme condition de ne jamais combattre les Français... Devenu l'ami d'un nabab pour lequel il dirige un arsenal, Claude Martin fait prospérer sa fortune personnelle et sa nombreuse famille. Ce collectionneur impénitent, qui se fit construire un palais dans le nord-est

Louise Labé converse avec Maurice Scève

de l'Inde, a fondé aussi des écoles -à Lyon et en Inde- et un orphelinat. La rue où nous nous trouvons ne s'appelle pas par hasard la rue de la Martinière : à l'autre extrémité, se teint l'école éponyme qu'il a créée. **Jean-Baptiste Say** (1767-1832) : fils et petit-fils de commerçant protestant, il devait ressembler à son grand-père qu'il admirait pour être «dépourvu de cette médiocrité d'esprit qui paraît nécessaire pour s'enrichir dans le commerce». Après avoir été petit employé dans une banque, Jean-Baptiste écrit dans le journal de Mirabeau, puis est remarqué par Bonaparte qui lui confie différentes missions. Son influence a beaucoup marqué la pensée économiste, dans cette version du XIXe siècle qu'on pourrait qualifier de libéralisme mesuré et optimiste. C'est **André-Marie Ampère** (1775-1836) qui a donné son nom à l'intensité du courant électrique. C'était un être complexe, timide et passionné, féru de philosophie et mathématicien, un être prodige et tourmenté. Il fut professeur de mathématiques dans le lycée du centre-ville qui porte désormais son nom, avant d'obtenir une chaire à la Sorbonne et au Collège de France. Son cœur battait follement pour la belle Julie Caron, dont il aura un fils, qui devint, lui aussi, un savant. **Laurent Mourguet** (1769-1844), créateur de Guignol, était bel et bien un enfant de Lyon, un «gone» appelé tôt à se débrouiller seul dans la vie. Mais, confronté à la misère des canuts, Laurent Mourguet préféra la vie au grand air. Marchand ambulant, arracheur de dents, il promène bientôt de foire en foire son castelet dans lequel il fait évoluer une marionnette qui s'inspire du Polichinelle italien : une tête de bois, une natte, une jaquette marron et voici Guignol toujours prêt à railler les bourgeois lyonnais, ou à jouer des tours à Pandore, l'archétype du policier borné, ou encore à boire un verre avec Gnafron, le cordonnier grand buveur de beaujolais devant l'Eternel... **Antoine de Saint-Exupéry** (1900-1944) est escorté du Petit Prince. Faut-il présenter «Saint-Ex», écrivain, pilote de l'aéropostale, inventeur, journaliste, humaniste moderne et éclairé ? Une bonne partie de son enfance s'est déroulée à Lyon et dans la campagne toute proche, dans l'Ain où il connut le bonheur de la chaleur familiale, avant de s'envoler pour des horizons plus vastes. Mais la nostalgie de l'enfance ne le quitta jamais, même au plus fort de l'action. La preuve en est donnée par le Petit Prince, qui continue de faire le tour du monde. A l'instar de sa créature, Saint-Exupéry disparut mystérieusement au cours d'une mission. On a peut-être récemment retrouvé sa trace, vers la presqu'île de Gien en Méditerranée. **Puvis de Chavannes** (1824-1898), comme beaucoup d'autres artistes, resta ignoré de la critique et du public pendant de longues années. A Paris, il fréquente un court moment l'atelier d'Eugène Delacroix, puis connaît beaucoup de déboires avant d'être reconnu. On qualifiait son œuvre de «languissante»... Devenu un monstre sacré -et époux d'une princesse-, Puvis de Chavannes aurait pu illustrer cette maxime d'une de ses riches allégories : «Nul n'est

Antoine de Jussieu, découvreur de la quinine.

Saint-Exupéry, humaniste moderne et éclairé.

prophète en son pays.» En effet, la Ville de Lyon ne lui commanda une œuvre qu'en 1864. **Jean de Verrazane** (fin XVe-1528) scrute l'horizon fluvial. Cet explorateur est injustement tombé dans l'oubli après avoir été le premier à jeter l'ancre dans une bourgade américaine qui allait devenir... New-York. Le gigantesque pont, à l'entrée du port de la ville américaine porte son nom. Lyonnais, fils d'un marchand florentin spécialisé dans le commerce de la soie, et de la fille du richissime banquier Simon de Gadagne, Jean de Verrazano s'appelait en vérité Giovanni Verrazano. Son frère, Girolamo, devint le cartographe de leurs lointaines expéditions.

***Au 1er étage*, Antoine de Jussieu** (1686-1758), est le premier d'une lignée de botanistes, issu d'une famille de seize enfants, dont trois voueront leur vie à l'observation de la flore... Antoine, professeur de botanique donc, mais aussi médecin, Bernard, qui sillonne avec son frère le monde méditerranéen avant d'inventer une méthode pour le classement du règne végétal ; et aussi Joseph, qui s'embarqua à l'autre bout de la terre pour collecter la flore exotique... Tous sont nés tout près de cette maison, vers la place des Terreaux où les parents tenaient une apothicairerie. **Marcel Mérieux** (1870-1937) et son petit-fils Jean : le jeune chimiste lyonnais eut pour maître Raulin et fut associé dès le début à l'ère de la médecine moderne, qui s'ouvrait à la recherche et à l'industrie. Tandis qu'un fils aîné mourut d'une méningite tuberculeuse contractée dans le laboratoire familial, l'un des petits-fils, Jean, fut le pionnier de la vaccination contre la poliomyélite. De la chimie des colorants à la sérothérapie, Marcel Mérieux ouvrit la voie de la grande industrie pharmaceutique et vétérinaire. Aujourd'hui, numéro un mondial des sérums et vaccins, le nom de Mérieux est désormais associé à celui de Pasteur au sein de Rhône-Poulenc. Les descendants de Marcel Mérieux, Charles, Alain, Christophe, perpétuent la tradition familiale dans l'esprit lyonnais. **Claude Bernard** (1813-1878) à l'air sérieux et doux voulait entrer dans les ordres. Il adorait le théâtre et devint célèbre en jetant les bases de la médecine expérimentale. Il expliqua la pathogénie du diabète expérimental, découvrit l'anesthésie, fit la lumière sur la physiologie du système nerveux... La France reconnaissante lui fit à sa mort des funérailles nationales. **Edouard Herriot** (1872-1957) et **Tony Garnier** (1869-1948) sont indissociables. Le maire de Lyon et l'architecte discutent d'urbanisme. C'est qu'ils ont beaucoup à se dire, eux qui ont tant fait pour façonner Lyon telle qu'elle est encore aujourd'hui : le stade de Gerland, l'hôpital de Grange-Blanche (re-nommé Edouard-Herriot), les Hbm (Habitations à bon marché, ancêtres des HLM) du quartier des Etats-Unis (8e arrondissement), c'est l'œuvre de Tony Garnier... Il dut se battre cependant pour imposer sa vision futuriste de l'habitat du XXe siècle qui n'omettait pas la dimension humaine (Cf. le Musée Urbain Tony Garnier). Edouard Herriot, qui fut maire de Lyon durant plus de cinquante ans, était, à la tête du parti radical, l'un des pivots de la IIIe République, dont il est l'un des symboles les plus brillants. Homme de Lettres, il est l'auteur de nombreux ouvrages, dont une biographie de Juliette Récamier, une étude sur Beethoven, une recherche sur la Révolution à Lyon, «Lyon n'est plus», dont la publication reste inachevée. La destinée des **frères Lumière, Auguste** (1862-1954) et **Louis** (1864-1948), est inséparable de leur génie inventif. Fils d'un photographe-peintre d'enseignes et d'une blanchisseuse, les deux frères ont fait du métier paternel une passion à quatre mains et deux têtes chercheuses, ce qui leur permit de bâtir leur fortune sur les techniques mises au point dans les ateliers de Monplaisir à Lyon. (Cf. Mur du Cinéma). Ceux-ci ont été transformés récemment en lieu de mémoire et de diffusion du cinéma. A 17 ans, Louis invente déjà un procédé pour fabriquer de nouvelles plaques photographiques : les nouvelles «plaques sèches» mettent la photographie à portée des amateurs. Et à l'orée du XXe siècle, les deux frères inventent le cinématographe. Ils ne s'arrêtent pas en si bon chemin puisque la science des images, mais aussi la biologie et la médecine leur doivent plus de deux cents brevets : de la photogravure (utilisée en imprimerie) à l'invention de médicaments en passant par le cinéma. «Toute notre vie, dit un jour Auguste Lumière, nous nous sommes follement amusés à travailler...» Lyon ne serait pas tout à fait la même si l'inventeur du métier Jacquard, **Joseph-Marie Jacquard** (1752-1834), n'avait pas existé. Sans lui, la ville n'aurait pas connu la formidable expansion de son industrie de prestige, le commerce et la fabrication de la soie, surtout visible à la Croix-Rousse, qui se mit à résonner du «bis-tan-claque», le son mécanique des métiers à tisser. Les immigrés de l'époque affluèrent, venus de toutes les régions alentour, attirés par les mirages de l'ère industrielle qui s'ouvrait... Jacquard s'éteignit à Oullins, à 82 ans. **Philippe de Lassalle** (1723-1804), se tient sur le même balcon que Jacquard, et pour cause... Le dessinateur en soieries aurait bien des choses à partager avec l'inventeur ! Mais une génération les sépare, si bien que le dessinateur fait partie de l'ancien monde, celui d'avant la Révolution de 1789. Ses relations à la Cour du Roi lui ont permis de faire connaître ses riches étoffes finement colorées aux plus grands de ce monde, de Louis XVI à l'impératrice Catherine de Russie, et d'exporter dans le monde entier le savoir-faire lyonnais.

Au rez-de-chaussée, l'atelier Cité de la Création a planté un décor familier aux Lyonnais, notamment avec une boutique de gastronomie, où s'accumulent les saucissons, cervelas, jésus et autres délices de cochonnaille... Six personnages bien de notre temps et de notre ville sont représentés comme par malice ici et là. Clin d'œil à notre époque au ras du bitume, ou volonté d'accentuer la proximité physique avec nos contemporains ? **Bernard Pivot** sort d'une boutique Fnac un livre en main. **L'abbé Pierre** descend l'escalier -vient-il de rendre visite à Pauline Jaricot ?- tandis que passe **Bernard**

Bernard Pivot, grand amateur de chocolat.

Lacombe, le célèbre entraîneur de football et ancien joueur de l'Olympique Lyonnais. **Paul Bocuse** regarde déambuler les touristes par la porte vitrée, et dans son estaminet, **Frédéric Dard** se réjouit du spectacle de la rue devant son verre de beaujolais. **Bertrand Tavernier**, juché sur une corniche, enregistre la scène, la caméra à l'épaule.

Comme pour le Mur des Canuts, et dans le cadre du financement global de la fresque, Cité de la Création a pu aider à la réfection d'appartements pour personnes en difficulté.

Mise en lumière : Architecture Lumière, Alain Guilhot.

Bertrand Tavernier, la caméra sur l'épaule...

LE PROGRES
LA FRESQUE
DES LYONNAIS

T BEAUJOLAIS
VACHON

3. LA BIBLIOTHEQUE DE LA CITE,

le mur où les livres sont des personnages.

Angle quai de la Pêcherie/rue de la Platière, Lyon, 1er.
400 m² - 1998

Voilà un bâtiment en trompe-l'œil, avec des livres à tous les étages, à toutes les fenêtres : les livres qui s'y montrent tiennent lieu de personnages. Ce sont eux les acteurs personnifiés du décor de la rue de la Platière. Ils n'ont pas «la sagesse assoupie qu'on prête aux rayonnages (...) dans cette véritable maison de livres», écrit Philippe-Jean Catinchi dans *Le Monde*. Ils s'intègrent parfaitement dans l'ambiance des quais, occupés sur le trottoir d'en face par les bouquinistes qui veillent sur cette Bibliothèque comme sur leur propre enfant, ce qu'elle est un peu, au demeurant.

Une parfaite lisibilité des titres sur les dos des livres.

Un total de près de 500 références littéraires disséminées, éclatantes de vie, inscrites sur l'une des quatorze fenêtres ornant l'un des trois pans de murs. Sur cinq, voire six niveaux... Que de livres !... On pourrait s'y perdre plutôt que de vouloir l'étudier de près. Ceux qui s'y sont risqués vous le diront : leur classement se révèle à la fois astucieux et volontairement subjectif, avec des surprises, des signes et des repères.

Poursuivons les comptes : 164 noms exactement d'auteurs inscrits avec une parfaite lisibilité des titres sur les dos des livres monumentaux (deux mètres de haut), brassant les genres et les époques... Plus quinze textes lisibles sous forme de pages typographiées, de couvertures de

Une gigantesque bibliothèque, rue de la Platière.

livres, de pages de garde... Plus, enfin, 300 noms d'auteurs répertoriés dans la boutique du rez-de-chaussée : ici-bas, les titres sont peints sur les tranches des livres de dimensions réelles. En toute liberté de choix, en toute subjectivité, les morts et les vivants se côtoient. C'est le propre des vraies bibliothèques que de les réunir dans un ballet bruissant de pages qui se tournent, d'encre à sécher, de volumes reliés cuir pleine peau, refermés ou entrouverts sur la page de garde.

Le faux désordre entretenu a retenu une thématique forte : les auteurs choisis sont tous des littéraires. *Exit* la science ; bonjour la poésie, le théâtre, le roman et l'essai philosophique, la B.D., le polar et la science-fiction. A chacun de puiser à la source qui l'inspire. «Nous avons souhaité que le promeneur découvre la fresque petit à petit, quitte à y revenir pour détailler et relire» ont dit les créateurs qui ont prévu que le mur évolue avec le temps, par des mises à jour et des compléments.

Sans cérémonie, sans ordre alphabétique, entrez où vous voulez... Au lieu d'être sagement alignés sur des étagères, il y a débordement. Les fenêtres sont des niches à livres, ouvertes sur le ciel et la rue. Les morts sortent par les fenêtres, s'envolent en suivant le courant du fleuve, vers le sud, et leurs effluves diffusent tout le savoir accumulé sur cette surface de 400 m2, agissant comme un réservoir d'images et de références.

Détails.

L'éclairage met en valeur des détails peu visibles le jour.

Fidèle à sa méthode, l'atelier Cité de la Création a accumulé la documentation nécessaire à l'illustration, soutenu par la main sûre de l'ARALD (Agence Rhône-Alpes pour le Livre et la Documentation). Les auteurs repérés sont nés ou ont simplement travaillé dans cette région Rhône-Alpes -Molière en tournée à Lyon, Voltaire s'installant à Ferney. Leur appartenance à la région a pu être passagère ou durable, idem pour leur attachement sentimental... Depuis ce champ de vision territorial, ils parcourent des voies diverses avec des textes de toutes les époques : du Moyen Age au XXIe siècle, des technologies numériques de la boutique du rez-de-chaussée, à l'édition rare dans les étages. Gutenberg à tous les niveaux !

Si tout le monde connaît Rabelais qui fit ses études à l'Hôtel-Dieu (en réalité durant un temps très court), peu connaissent en revanche Annie Salager, poète lyonnaise contemporaine, distillant livre après livre la fluidité de la pensée dans une langue qui coule comme l'eau de source. Sera-t-elle bientôt connue, comme en son temps l'autre grande poétesse lyonnaise Louise Labé ? Regardez cette édition rare des œuvres de ladite Belle Cordière : tournez les pages, voyez comme la langue de Louise Labé est étonnamment actuelle quand elle chante l'amant absent :

«Tu est tout seul, tout mon mal et bon bien
Avec toi tout, et sans toi, je n'ai rien.»

Autre figure majeure de la littérature que Lyon a ignoré longtemps, Calaferte, qui savait pourtant fort bien parler de cette ville : *«Ainsi Lyon conserve-t-elle discrètement sur sa colline, dans plusieurs de ses quartiers et de ses alentours immédiats une réserve d'avenir lié aux forces naturelles. Son centre sensible, cette place Bellecour poudrée de rose est comme le fond d'une matrice d'où le regard du passant se dirige nécessairement vers la hauteur, vers des espaces qui semblent promettre un autre rythme de respiration. Dans ce cœur de la ville, on a la calme certitude d'un infini prolongement de vie.»*

Le théâtre se fait l'écho des scènes lyonnaises et régionales, de la Comédie de Saint-Etienne au théâtre du Cothurne, d'Eugène Durif à Jean-Yves Picq, deux auteurs talentueux et reconnus. On ne peut tous les citer, mais retenons le nom de ce formidable acteur qu'est Bruno Boeglin ; et celui du fondateur du Théâtre des Jeunes Années à Lyon, Maurice Yendt.

Plus loin, tout à gauche, au même quatrième étage, le grand dessinateur Tardi sans son Adèle Blanc-Sec, mais avec l'écrivain Léo Mallet ; et Lax, autre dessinateur reconnu, enseignant aux Beaux-Arts. «Si, ne serait-ce qu'une personne s'arrête devant la fresque et lit un extrait de Calaferte ou de Reverzy, nous aurons atteint notre objectif qui est d'encourager la lecture», telle était l'une des raisons de ces extraits d'auteurs offerts à la lecture des plus rebelles...

Au deuxième étage, qui est cette jeune femme blonde et belle, les coudes sur un ouvrage, la tête dans les mains ? Une lectrice lilliputienne au milieu des livres, et le seul humain autorisé. Quelques éléments extérieurs au monde du livre composent sur la façade avec eux : images de pipe, oiseau, masque de commedia dell' arte, soucoupe volante, de quoi écrire une histoire. Ce qui a été fait lors d'ateliers d'écriture, qui se sont déroulés en même temps que le chantier.

«Les murs, c'est la peau des habitants» est-il écrit à la verticale, au-dessus de la porte cochère, comme pour repousser l'ombre de ce recoin que forme l'escalier. Une peau que l'œil caresse. A voir de jour comme de nuit. La mise en lumière sait parfaitement mettre en valeur des détails qui n'apparaissent pas avec une telle évidence en pleine lumière. Si bien que les deux façons, jour et nuit, sont chaudement recommandées car elles nous embarquent dans des mondes parallèles... Est-ce l'effet des livres sur l'esprit ?

Mise en lumière : Philippe Hutinet.

4. LE THEATRE DES CHARPENNES

ou la divine comédie

52, rue Gabriel-Péri, Villeurbanne.
400 m² - 1998

D'aussi loin que l'on fût, que voyait-on de cet immeuble situé à un carrefour important de la ville ? Son affreux et noir mur aveugle, toute la façade du 52, rue Gabriel-Péri est en mâchefer : ce matériau dur au regard, fait des restes de coke cuit et recuit, a été aggloméré avec un enduit. Voilà comment on se débarrassait autrefois des «sorties de chaudières dont on ne savait que faire» explique Charles Roche, élu à Villeurbanne et fervent historiographe du quartier. Quand vint l'heure de la rénovation, les copropriétaires se mirent rapidement d'accord. Au conseil du quartier Charpennes-Tonkin, puis en réunion de copropriétaires, l'unanimité fut acquise, chose rare. En rappelant ses origines à un quartier qui a connu de grandes transformations, la fresque a été l'opportunité que tous ont saisie. Les résidents ont pu découvrir -ou redécouvrir- l'histoire du quartier, Cité de la Création s'en est emparée pour rendre un vibrant hommage aux Italiens, et aux liens de travail et de culture avec ce pays.

Paradoxalement, plutôt que de pencher pour des couleurs chaudes, les habitants retiennent un gris un peu froid, comme couleur de fond pour la façade : un gris qui se marie admirablement avec les ors et les rouges qui habitent littéralement cette fresque. De manière générale, les couleurs italianisantes -ocre, brun, sable- ont été largement employées rive droite de la Saône (Saint-Jean, les quais du centre-ville historique) alors que les quais du Rhône, et par suite toute la rive gauche ont été décorés dans une harmonie de bleuté et de gris.
Mais que vient faire l'Italie à Villeurbanne ? peut-on légitimement s'interroger. Pourquoi un théâtre à l'italienne ? «Pour mettre en scène une réalité historique complexe, articulée en cinq tableaux retraçant cinq grandes étapes» explique Charles Roche qui a mis son érudition au service du projet. Cette histoire-là rappelle que l'agglomération lyonnaise est depuis longtemps terre d'immigration, notamment sur sa rive gauche qui faisait partie de l'ancienne province du Dauphiné : les Italiens y sont venus par vagues successives. Un magnifique ciel de décor et toute sa machinerie en coupe apporte la distance suffisante pour lire les scènes, éclairées à la fois par les projecteurs en trompe-l'œil et l'acuité de notre regard.
Regardez ces trois hommes qui, dans l'ombre d'un pilier, ont une altercation : ils témoignent de la difficile condition des ouvriers de la soie au XIXe siècle et racontent une his-

Détail. Démêlez le vrai du faux...

Crêperie
AUX CAVES des CHARPENNES
CHOCOLATIER
PATISSIER CHOCOLATIER
CAVE
Hôtel Restaurant

toire tragique bien peu connue. En 1786, les canuts pour échapper à leur misérable condition cherchent à s'expatrier vers des cieux plus cléments ; l'Italie, justement, les appelle... Les notables lyonnais ne l'entendent pas de cette oreille et veulent stopper l'hémorragie de main d'œuvre en interdisant à tout citoyen de quitter la ville. Deux canuts passent outre et franchissent le pont Morand pour rejoindre la plaine du Dauphiné, mais ils sont arrêtés et pendus. S'ensuit une manifestation populaire qui embrase tout le quartier des Charpennes, provoquant une répression sauvage.

Dans cette mise en scène qui superpose les images comme on tourne les pages d'un livre, le premier élément central, c'est la Grande Rue des Charpennes, vue de la place de la Bascule, telle qu'elle apparaissait avant les travaux du métro. Aujourd'hui, il est recommandé d'aller jusqu'à la place Charles-Hernu (métro Charpennes) pour se sentir attiré comme par un aimant, depuis la rue des Emeraudes, par la qualité de la fresque. Sous les enduits, ce n'est pas la plage, c'est le lavoir... En 1850, rue des Charmettes, un lavoir public est construit, alors qu'existait au centre du quartier un cloaque peu ragoûtant. Ce lavoir représenta une formidable amélioration du confort domestique et les lavandières de la Rize ont lavé cent ans durant à cet endroit.

Il y eut aussi dans le quartier un négociant en grains et fourrages qui possédait un vaste entrepôt (où s'installa la poste) : une simple botte de foin au bout d'une fourche, et le tour est joué... Derrière ce personnage, l'omnibus à chevaux évoque la première ligne de transport en commun reliant Lyon aux Charpennes : en 1860, M. Berjon bénéficia d'une concession lui permettant d'exploiter cette ligne, à ses risques et périls. Quant aux dorures que fabriquait Désir de Fortunet (son nom est déjà tout un programme), quoi de mieux que les rouges et les ors d'un théâtre à l'italienne pour les évoquer ? Et la boucle est bouclée. Ce monsieur fit don de son domaine aux Hospices Civils, à la condition expresse qu'on fit construire un hôpital ici-même. Ce qui fut fait après de rocambolesques épisodes : l'hôpital des Charpennes est juste en face de l'immeuble du théâtre.

Pour achever cette évocation d'un quartier mal connu des Lyonnais (et même des Villeurbannais), notons que «Charpennes» est un mot qui nous vient du patois bressan ; il signifie bois de charmilles... Le Tonkin qui le jouxte n'a rien d'exotique : il doit son nom de baptême à l'exposition coloniale de 1896, inaugurée par Sadi Carnot (juste avant son assassinat à Lyon). Les populaires conquêtes coloniales étaient censées assurer la notoriété du quartier, mais les choses ne se passèrent pas exactement comme cela...

Mise en lumière : Roland Jéol, scénographe-lumière.

5. LA RUE DES GRANDS CHEFS

au restaurant de Paul Bocuse

Collonges-au-Mont-d'Or
80 m^2 - 1993

Vous arrivez en serpentant par les quais de Saône, vous vous garez devant l'auberge colorée à laquelle on mettrait volontiers un grand A, puisqu'il s'agit de celle de Paul Bocuse, avec un grand B... La façade, richement ornée, peinte aux couleurs d'un baroque quasi napolitain, accroche déjà votre œil. Vous entrez dans la cour intérieure du célèbre restaurant de Collonges-au-Mont-d'Or et vous foulez donc les pavés de la «Rue des Grands Chefs»... Vous pouvez vous asseoir à votre guise sur l'un des bancs de la «rue», devant les panneaux illustrés sur la cuisine -avec un grand C, naturellement-. Face aux fresques, de larges baies vitrées éclairent la partie arrière du restaurant et mettent en valeur une merveilleuse et bien concrète batterie de casseroles en cuivre.
Ainsi, de fond de veau en fond de couleurs, les recettes de l'atelier Cité de la Création se mitonnent le long d'une charmante allée de platanes, bordée de réverbères. D'un panneau à l'autre, sept en tout, les ambiances sont nourries de références précises et historiques, choisies avec soin par Paul Bocuse, et agrémentées d'odeurs des cuisines, chatouillant délicatement les narines. Nos papilles se réveillent à la vue des buissons d'écrevisses et de la volaille demi-deuil : le goût du détail renvoie au goût du travail bien fait, cette délicate gelée plus vraie que nature fait écho aux ors qui ornent les motifs de la façade. Les affinités entre le cuisinier et les muralistes ont vite surgi : l'un et les autres travaillent sur une matière sensible, ils la créent, ils la transforment. Pour cet hymne à la gloire de la cuisine, cinq mois de préparation et deux mois de travail sur place ont été nécessaires. Le labeur des artistes de l'atelier Cité de la Création a été gratifié, on s'en doute, de quelques

La rue des Grands Chefs. Premier tableau.

en-cas avec le maître des lieux. De quoi donner du cœur à l'ouvrage... Tous les mets présentés ont donc été peints sur le motif : les cuisiniers ont préparé sous les yeux des artistes les merveilles culinaires que ces derniers devaient immortaliser. Qui a mangé ce magnifique oreiller de gibiers ? Et ce poisson géant en croûte ?
Au départ, le projet était bien plus modeste. Il s'agissait juste de reprendre les tons de la façade. «On a suggéré une fresque sur la cuisine. Paul Bocuse a donné son accord et accepté de rendre public cet espace privé» raconte l'un des muralistes. Tandis que les façades étaient reprises et soulignées, tandis que les ors festonnant les décors commençaient à flamber de tous leurs feux, et que les portraits, insignes et autres médaillons trouvaient leur place sur les murs de l'édifice, l'idée d'une ode à la cuisine mijotait doucement dans les têtes... Ainsi est née la Rue des Grands Chefs, qui accueille tous les curieux, y compris ceux qui n'ont ni les moyens ni le temps de s'installer à une table du restaurant.
Tout en restant dans le décor rouge et vert qu'affectionne Paul Bocuse, l'atelier Cité de la Création a mis en scène les princes (et princesses) de la gastronomie à travers deux siècles d'histoire. Commençons par le commencement : si la gastronomie ne peut se résumer aux sept panneaux illustrés, assortis chaque fois d'un commentaire écrit par Bernard Pivot, la déambulation dans la cour du grand restaurant de Bocuse relève de l'initiation à la grande cuisine française.
Premier tableau : Antonin Carême, cuisinier de Talleyrand, rédige des notes ; son livre a permis de codifier précisément la gastronomie française. Joséphine et Napoléon apprécièrent la cuisine de cet esthète qui porte un nom si antagoniste de sa fonction...

Deuxième tableau : Fernand et Mado Point. Le portrait du célèbre cuisinier de Vienne, qui gagna ses trois étoiles au Michelin dès 1933, a dû être repris moult fois : les photos n'étaient pas bonnes ! Il a fallu du temps pour trouver la prestance qui lui sied.

Troisième tableau : les «mères» lyonnaises sont à l'honneur. «Le très gourmand maire de Lyon Edouard Herriot (à gauche sur la peinture) avait l'élégance de reconnaître que la mère Brazier faisait plus que lui pour la renommée de la ville» écrit Bernard Pivot.

Quatrième tableau : Jean Troisgros prépare son saumon à l'oseille, Jacques Pic son panier de truffes, François Bise et Alain Chapel nous sourient : les meilleures toques de la région sont rassemblées pour l'éternité.

Cinquième tableau : Raymond Oliver sous l'œil des caméras, avec Julia Child, star de la télévision américaine. Ces deux personnalités ont largement contribué à populariser la cuisine française, sur son propre terroir, et outre-Atlantique.

PAUL BOCUSE
PAUL BOCUSE

Sixième tableau : honneur à un autre étranger, Shizuo Tsuji, concepteur d'une monumentale «Etude historique de la cuisine française» , fondateur d'une école culinaire dans le Beaujolais, et... meilleur ouvrier de France lui-même.

Septième tableau : la cuisine du maître. Paul Bocuse y est peint entouré de son équipe, maître d'hôtel, sommelier, cuisiniers, tous fidèles au poste depuis de longues années. S'affairent notamment Roger Jaloux et Jean Fleury, meilleurs ouvriers de France. Le loup en croûte est prêt, le jambon au foin aussi... passons à table !
Un portrait en pied de Paul Bocuse ferme l'itinéraire. Et les échantillons culinaires sont assortis de clins d'œil malicieux qui font que l'on se délecte la vue, à défaut du palais !

Mise en lumière : Architecture Lumière, Alain Guilhot.

Les "mères" lyonnaises à l'honneur

6. OULLINS

***La Renaissance**, rue Orsel, 250 m² - 1982*
***La Saulaie**, rue de la Convention, avenue Jean-Jaurès -1984*
***Ecole Jean-Jaurès**, 1 avenue Jean-Jaurès, 1200 m² - 1982*

La Renaissance ! C'était en 1982. Les artistes s'appelaient encore Popul'art et ils prenaient leurs marques à Oullins. Leur première fresque ne passa pas inaperçue ! Dans la Grande Rue (un long boyau s'étirant devant des maisons sans grand caractère), la réhabilitation entreprise au début des années 80 était en train de changer le visage de la ville. Plus de mille Oullinois participèrent à la conception du mur en accumulant les témoignages, les lettres, les histoires ; et au cœur de ce projet d'urbanisme qui remodelait le centre, les muralistes firent une fresque qui prit le mot de «Renaissance» à bras le corps.
La Renaissance à Oullins, c'était d'abord le nom de l'ancienne Maison du Peuple construite par les cheminots dans les années 20. La salle vétuste a laissé la place à un théâtre dynamique, et au bord de la rue Orsel désormais piétonne, la fresque de Cité de la Création accroche les yeux et les tripes. Un accouchement dans le feu et le fracas des

La Renaissance à Oullins.

tôles ferroviaires, dans le bruissement des couleurs vives, très vives. On croit presque entendre le fracas des locomotives qui accompagne encore la vie oullinoise depuis les ateliers-machines SNCF.
Cette vision apocalyptique, sur fond de ventre-machine et de luttes ouvrières, n'a pas été du goût de tout le monde. Quelques réactions indignées s'ensuivirent sur le champ. Aujourd'hui cependant, presque vingt ans après sa création, la majorité des Oullinois se déclare pour la sauvegarde de la fresque tant elle fait partie de la mémoire collective de la ville. «L'esthétique urbaine, ce n'est pas un concept creux, c'est une composante vitale pour l'aménagement d'une ville», tel est le credo de Cité de la Création qui a atteint son objectif à Oullins en impressionnant durablement l'esprit collectif de cette ville au sens propre comme au sens figuré.

Rue de la Convention. «Il faut d'abord accrocher l'œil pour accrocher le cœur.» La devise du serpent à plumes mexicain Quetzalcoatl peut s'appliquer à la fresque de la rue de la Convention. Malgré son âge (15 ans, c'est vieux pour une fresque à l'air libre), elle continue de réjouir et l'œil et le cœur. En terme de créations et d'aventures collectives de Cité de la Création, les trois fresques sont un peu la matrice originelle de leur travail. Elles rappellent les années d'initiation forgée au fil d'un voyage artistique à Mexico en 1983, à la rencontre des grands muralistes d'Amérique centrale et du Sud.
Les artistes de Pepito invités à Oullins en 1984 s'approprièrent à leur tour trois mois durant les murs de la ville avec leurs amis. Le quartier de la Saulaie s'en souvient encore. Ensemble, ils mirent les murs sens dessus-dessous : cette femme qui rêve accrochée au linteau de la fenêtre, les jambes pendantes dans le vide laissé alentour, sur le pignon... Au ras du trottoir, sur le mur d'enceinte de la maison, il était une main tendue à travers l'angle du mur, comme si la fraternité se riait de l'épaisseur du béton... A la demande des peintres mexicains, les murs n'avaient pas été préparés, aussi, la fresque aujourd'hui s'écaille inéluctablement, mais elle bruisse encore des rêves qui ont accompagné sa création et de leur croyance en un monde meilleur.
Dans le même quartier, l'**école Jean-Jaurès** est l'exemple-type de la volonté d'ouvrir l'école sur la vie tout en modifiant l'image de l'école elle-même. La peinture murale enveloppe ici l'ensemble des bâtiments, comme une feuille de cahier géante enroulée soigneusement autour des trois gros volumes cubiques que forme l'établissement. Très visible et de loin -côté pile, l'avenue Jean-Jaurès, côté face, le quai autoroutier-, l'école reste un exemple très abouti de l'implication des muralistes dans le quartier de la Saulaie. L'abri d'autobus, spécialement créé pour l'école, reflète un esprit malicieux.
Tout près de là se dresse un pylône électrique, tel un totem multicolore, signal de la limi-

La vision très réaliste de la fresque de la Renaissance à Oullins.

L'école Jean-Jaurès et son abri-bus.

te entre Oullins et La Mulatière. Il a été érigé et conçu à la même époque. En poursuivant son chemin dans l'avenue Jean-Jaurès, les yeux les plus exercés sauront déceler les grandes traces picturales de ce que furent les fresques de l'ancienne cité de transit de La Saulaie. Dans ces anciennes tanneries résidaient des immigrés doublement exclus par leur langue et leur lieu d'hébergement. Pour ouvrir une «brèche dans les murs-labyrinthe qui isolent 17 nationalités sous surveillance à la Saulaie», les Lyonnais et les Mexicains investissent pacifiquement et artistiquement un mur immense et lui donnent corps en plusieurs peintures. De grands personnages aux gestes hiératiques inscrivent encore sous l'usure du temps leurs gesticulations qui nous parlent d'une vie où l'utopie est reine.

Certains artisans, comme l'électricien installé sur la même avenue, ont redécouvert le charme et l'utilité des fresques murales en s'inspirant du travail poursuivi alentour par l'atelier Cité de la Création. La façade ressemble à la devanture d'une boutique africaine.

Le pylone arlequin.

7. LE MUR DU CINEMA

ou la Sortie des Usines Lumière

Angle cours Gambetta/Grande Rue de la Guillotière. Lyon, 7e
500 m² - 1996

Il est bien naturel que le cinéma ait sa place sur l'une des fresques de la ville où il naquit. Sur l'écran géant du pignon sis cours Gambetta, les nuits lyonnaises déroulent leur histoire du cinémascope, depuis le premier film muet que tournèrent ses inventeurs : «La sortie des usines Lumière», jusqu'aux tournages célèbres que rappellent les affiches telles que celle de «L'horloger de Saint-Paul».
«Les faiseurs d'histoire que sont les muralistes de la Cité sont toujours prêts à balayer devant nos portes (...), non pas avec des brosses à reluire, mais à relire et à relier les choses de la vie quand on les a bien approchées, dégustées, remâchées, comprises... On ne peint bien que ce qu'on aime.» Ces propos d'un journaliste conviennent particulièrement bien à cet hommage au cinéma qui se déguste lentement. Patientez devant le guichet, la séance va commencer ! Le petit parking juste au pied de la fresque est bien pratique pour qui veut stationner quelques instants pour déguster la fresque... Y entrer par la Grande Rue de la Guillotière.

Un siècle sépare le premier coup de manivelle des films tournés à Lyon.

LE MUSEE URBAIN TONY GARNIER

Des HLM que l'on visite

Tony Garnier a eu une chance inouïe : peu d'architectes visionnaires comme lui ont vu leur œuvre théorique se concrétiser. Or, trois petits quarts de siècle après sa conception, ce quartier des Etats-Unis lyonnais (Lyon, 8e) est non seulement toujours debout, mais il est aussi réhabilité, et réinvesti dans ses espaces intérieurs et extérieurs. Ainsi, ses habitants et un groupe d'artistes ont finalement rendu palpable l'utopie originelle du projet architectural. Dans ce qui fut l'un des premiers ensembles d'Habitations à bon marché (Hbm) construit en Europe, le premier «Musée Urbain» au monde a désormais pignons sur rue.
Pïgnons au pluriel, puisque 25 immenses murs aveugles (23m de haut, 10 de large) ont été transformés en fresques monumentales, balisant de leurs peintures géantes les rues de ce quartier des Etats-Unis. En l'occurrence, le quartier est devenu une «cité», rebaptisée à la demande de ses habitants du nom de son concepteur Tony Garnier. Celui-ci, un être «discret, doux et affable» selon les hagiographes, voulut apporter dès les années 20 le confort moderne et fonctionnel dans une cité ouvrière, avec l'appui d'Edouard Herriot, maire de Lyon. Aujourd'hui encore, les habitants parlent avec la même passion que leurs aînés : des générations se sont succédé sans que soit entamé l'esprit pionnier qui a présidé à sa conception. Même si le chemin parcouru a été long et parfois douloureux depuis la création en 1933 jusqu'à sa réhabilitation, entamée dans les années 80. Le premier mur du Musée Urbain est peint en 1988. Dix ans plus tard, l'ensemble des fresques du Musée Urbain Tony Garnier est inauguré. Chacun peut librement s'y aventurer et entrer dans la genèse d'une œuvre en étant de plain-pied avec la vie d'un quartier. En exposant à tous vents les croquis de Tony Garnier, l'atelier Cité de la Création a pris le pari de rendre l'art accessible à tous. Ce n'est pas si courant...
Pour les habitants de la Cité Tony Garnier la valorisation spectaculaire de leur quartier via le musée en plein air prouve d'abord que l'esprit de l'architecte souffle fort ici, et peu importent les intempéries. La qualité des fresques, comme leur parfait état de conservation à l'aube de l'an 2000, sans la moindre détérioration, prouvent bien le respect qu'impose l'identité partagée d'un lieu unique. Pourtant, les «on-dit» ont circulé longtemps autour des «Etats», comme on dit à Lyon... L'ancienne cité d'immigrés qui, dans les années 60, avait la réputation d'attirer les «blousons noirs» a changé d'image. «Cité rouge» murmuraient aussi certains sans jamais y avoir mis les pieds. Faisons le tri

et balayons les rumeurs : le quartier des Etats-Unis a été un foyer de résistants pendant l'Occupation nazie, puis un fort tissu associatif s'y est développé dans la deuxième moitié du siècle. Cependant, crise et chômage ont enrayé cette dynamique dans les années 80. La cité Hbm du quartier des Etats-Unis a eu très chaud : le boulet de la destruction systématique n'est pas passé loin. Mais l'attachement d'une population fortement enracinée et les aléas des réhabilitations en ont heureusement décidé autrement. Des nombreuses concertations avec les offices de HLM en passant par les travaux de rénovation jusqu'aux premières fresques, il a fallu beaucoup de temps et d'énergie pour faire accepter l'idée de la reconquête culturelle du quartier. Aujourd'hui, la démarche artistique des muralistes reste appuyée par le vigilant comité des locataires : «Ils sont avec nous, dit une résidente, c'est chez eux ici.» Lors de la réhabilitation, les habitants se sont vite montrés soucieux de voir réaliser autre chose que des travaux utilitaires. Refaire les montées d'escaliers et installer de nouvelles boîtes aux lettres, c'était bien, mais ça ne leur suffisait pas. Quand il a été question d'isoler ces grands murs aveugles -qui n'étaient pas du tout prévus à l'origine dans les plans de Tony Garnier- ils sont allés chercher les muralistes de Cité de la Création. «Nous aussi, on a droit à l'art !» remarque

avec enthousiasme une résidente et inlassable militante pour son quartier. Elle, d'autres bénévoles et aussi des professionnels emmènent volontiers enfants et adultes d'une rue à l'autre dans le dédale du Musée Urbain. Les habitants les plus actifs sont aussi devenus des guides précieux pour la valorisation de leur musée.

Outre les fresques, ils ont mis en place un autre espace-musée, à visiter de l'intérieur d'un immeuble, qui parle de la vie en Hbm dans les années 30. Il s'agit d'un appartement-musée, imaginé et meublé par les soins des habitants qui ont fouillé dans leurs collections familiales pour restituer l'ambiance d'un T3 de l'époque. Les visiteurs, chaque année, sont près de 20 000 à déambuler dans les rues du quartier, le nez en l'air, médusés, ravis... «Jamais un musée n'a été autant habité» remarquait l'un d'eux, ravi. Que l'on se promène le jour ou la nuit, le passant, le touriste, le locataire est saisi par la puissance qui se dégage des œuvres de l'architecte. La même puissance visionnaire se retrouve dans les fresques des artistes étrangers.

Mise en lumière : Service Eclairage Public de la Ville de Lyon.

"La 25e fresque", réalisée en 2001, représente l'appartement de Tony Garnier

8. LES 25 FRESQUES DU MUSEE URBAIN TONY GARNIER

Boulevard des Etats-Unis, Lyon. 8e
24 fresques de 230 m² chacune - de 1988 à 1998

Pour commencer, la dernière des fresques réalisées, située au 4, rue des Serpollières, conçue en marge du projet d'ensemble, entraîne dans l'intimité de la demeure de Tony Garnier qui, déjà, avait décoré le mur principal de sa villa... avec une peinture murale ! Puis, le parcours s'organise et se commente en quatre séries de fresques complémentaires. La première (**murs 1 à 3**) signale et ordonne la suite des œuvres ; la deuxième (**murs 4 à 14**) commente en l'illustrant la grande œuvre théorique de Tony Garnier, «Une Cité Industrielle» (1904-1917) ; la troisième (**murs 15 à 18**) propose des extraits des réalisations lyonnaises de l'architecte ; la quatrième enfin (**murs 19 à 24**), permet à des artistes du monde entier de suggérer leurs propres visions de la cité idéale.

1. Un mur en guise de signalétique. Ce premier mur présente la disposition générale des 24 fresques dans le quartier des Etats-Unis. A l'aide d'un plan commenté, les quatre séries du musée à ciel ouvert sont brièvement passées en revue. *(Angle des rues Joseph-Chapelle et Ludovic-Arrachart).*

2. Tony Garnier visionnaire. Hommage à l'homme dont le portrait s'affiche de façon géante sur le mur. Tout en haut, légère et gracile, la signature de Tony Garnier surplombe des croquis qui exposent une partie de son projet de construction de la «Cité Hbm» (Habitations bon marché) aujourd'hui rebaptisée Cité Tony Garnier selon le souhait de ses habitants. *(Angle des rues Paul-Cazeneuve et Ludovic-Arrachart).*

3. Les années 1900. Ce mur est le seul du parcours à ne pas s'inspirer d'un dessin de Tony Garnier. D'une facture volontairement très marquée par le naturalisme à la Zola, il tranche, dans sa composition et ses couleurs avec les dessins finement crayonnés de Tony Garnier. Il clôt la partie signalétique en éclairant, à la manière sombre et réaliste, le contexte socio-historique de la fin du XIXe siècle. Cette mise en perspective rappelle la très difficile condition des ouvriers qui motivait les recherches de Tony Garnier : la partie haute, sombre et dense, en témoigne avec force. Tapissée d'affiches, la partie basse esquisse l'actualité de l'époque des années 1900 et traduit la fascination de Tony Garnier pour les nouvelles techniques et les progrès des sciences : de la voiture au meeting d'aviation, de la lessiveuse au cinématographe. Rappelons que la première automobile française fut construite à Lyon par Berliet. En règle générale, le développement de l'industrie lyonnaise était à la pointe de la modernité, et ce développement exigeait de construire des bâtiments utilitaires fonctionnels. *(Angle des rues Joseph-Chapelle et Ludovic-Arrachart).*

4.»Une Cité Industrielle». Ce pan général résume la conception globale de la Cité Industrielle de Tony Garnier, telle que l'a voulue l'architecte : «Une suite de planches concernant l'établissement d'une cité neuve» explique-t-il en introduction de ce travail qui lui prit quatre ans de sa vie, au retour de son séjour à la Villa Médicis, à Rome. Située dans une aire théorique avec montagnes, plaine et rivière -le site est sans doute inspiré de celui de la proche vallée du Gier- il expose les principaux éléments qui composent la cité selon le principe du «zonage». Depuis le trottoir, on élève très haut le regard pour se perdre dans l'horizon dilaté. La cohérence des différents éléments issus de la nature ou de l'urbanisme frappe le regard qui pénètre l'immensité des espaces imaginés. Dans les peintures suivantes, le visiteur retrouvera, détaillé, l'essentiel des éléments présents sur cette fresque. *(Angle des rues Joseph-Chapelle et Ludovic-Arrachart.)*

5. Les Services Publics. Arrivée au cœur de la ville en avion : après être monté très haut sur l'horizon théorique de Tony Garnier, le visiteur survole les grands principes de son architecture. Il y retrouve l'organisation orthogonale des voies de circulation, les regroupements des bâtiments d'habitation en îlots triangulaires. Tout cela va par trois, comme le nombre des services publics du centre ville : les services administratifs avec la salle d'assemblée, la zone d'habitations, la zone sportive et culturelle. Le dessin de l'avion s'inspire d'une affiche de l'époque. *(Angle des rues Joseph-Chapelle et des Serpollières).*

6. La Station. Nous voilà revenus par voie de terre. La gare s'ouvre sur la ville par des passages couverts, presque aériens, au bord d'une large esplanade. En haut d'une tour très élancée qui rappelle celle d'Eiffel, une horloge rythme le temps de la Cité. Le ciel, sur fond d'extrait du plan de cette gare, est traité avec l'aspect légèrement grisé et bleui du calque d'architecte. Ces tonalités très douces que l'on retrouve dans l'ensemble du musée l'éclairent avec une grand cohérence. *(Angle des rues Joseph-Chapelle et des Serpollières).*

"Hôpital de Grange-Blanche".

"Les années 1900". La seule fresque à ne pas s'inspirer des dessins de Tony Garnier.

"Habitations individuelles". Détail.

7, 8 et 9. Les Habitations : en commun, individuelles et intérieures. Tony Garnier a réalisé beaucoup de dessins sur les habitations : la moitié de sa production est consacrée. C'est pourquoi l'atelier Cité de la Création a choisi d'illustrer trois vues différentes. Elles permettent d'entrer de plain-pied dans l'univers de Tony Garnier et du monde qu'il nous propose, en visionnaire de l'urbanisme naissant, à l'aube du XXe siècle.

Il y a de la sérénité dans les «Habitations en Commun» qui ressemblent davantage à des immeubles résidentiels qu'aux cités HLM actuelles ! Une large avenue, des plantations d'arbres et de pelouses, un couple qui passe devant les immeubles aux formes élégantes, avec terrasses et larges baies vitrées, ces vues sur des habitations paisibles et agréables rappellent ce vers de Rimbaud : «Luxe, calme et volupté.» Mais ici le seul luxe en germe est celui que produit l'utopie conçue par Tony Garnier. En effet, tout dans ces habitations procède *a contrario* de la simplicité des formes et des matériaux. Tony Garnier avait opté pour le béton armé, matériau peu coûteux. En même temps, il a recherché la rationalisation des coûts qui se devine dans le souci des formes simples et fonctionnelles. Ce projet montre aussi comment l'architecture peut engendrer une atmosphère où la simplicité des formes joue avec la lumière. On perçoit à travers les images le traitement presque méditerranéen voulu par l'architecte. Par ailleurs, la résonance est frappante, entre les dessins présentés sur les immenses pignons et les volumes des immeubles du quartier dans lequel ils sont présentés. On remarquera que le transformateur EDF, devant le mur, s'intègre parfaitement dans la «vue rapprochée» (**mur 8**) : le traitement de cette bâtisse paraît inclus dans la composition. Entre les toits dessinés sur le mur et le toit-terrasse du local, il y a une belle continuité dans l'inspiration de Tony Garnier. *(Ces trois murs sont situés : le 7 à l'angle des rues Emile-Combes*

"Habitations individuelles".

et des Serpollières, le 8 au même angle, en face du précédent, le 9 à l'angle des rues Emile-Combes et Ludovic-Arrachart.)

10. Ecole. Là encore, la lumière et l'ordonnancement jouent un grand rôle dans ce projet, comme l'est aussi la disposition pavillonnaire de proximité avec les habitations. Tony Garnier s'est montré réceptif aux problèmes de l'éducation en s'appuyant par exemple sur le principe de la mixité, ce qui était loin d'être acquis à l'époque. Il sépare l'école primaire de la secondaire par une «rue (...) traitée en jardin», il prévoit des «préaux couverts et découverts destinés aux récréations», dont certains, comme le montre ce dessin, sont installés sur les toits des terrasses. En bas de la peinture est reproduite une photographie de classe, datant de 1933, prêtée par une habitante du quartier qui réside ici depuis sa plus tendre enfance. Cette ex-écolière côtoie sur la photo d'autres locataires de la Cité Tony Garnier d'aujourd'hui. Leurs enfants y vivent aussi pour certains. *(Angle des rues Emile-Combes et Ludovic-Arrachart).*

11. La Tour d'Horloges. Le centre administratif de la Cité Industrielle comporte sur les dessins de Tony Garnier un édifice grandiose, à la mesure des désirs de l'architecte sur le fonctionnement de la société idéale. Ce bâtiment, comportant quatre salles d'assemblées, est visible sur ce mur pour une toute petite partie, celle qui aboutit à une «coupole à gradins» rehaussée de l'immense tour d'horloges. Tony Garnier achève en effet son bâtiment géant par un «vaste portique formant promenoir couvert, et dans lequel peut circuler une grande foule à l'abri des intempéries». Les textes gravés sur le fronton de ce portique sont des extraits d'un roman d'Emile Zola dont Tony Garnier s'est beaucoup inspiré. Ce roman, intitulé «Travail», décrit précisément, en six cents pages, la construction d'une cité moderne. Le projet de Tony Garnier pour la Cité Industrielle s'en est largement inspiré, notamment pour l'horloge à 24 chiffres, qui évoque l'activité ininterrompue du service public. Une horloge a été réellement intégrée au mur peint par les

artistes, jouant ainsi sur le mélange du réel et du factice, de l'utopie et de la réalité, de la réflexion et du rêve. *(Angle des rues Théodore-Lévigne et Ludovic-Arrachart).*

12. Les établissements sanitaires. L'image et le plan adjacent mettent en valeur les principes fondamentaux qui ont prévalu lors de leurs réalisations : la zone hospitalière est isolée du reste de la ville, à la fois pour un meilleur ensoleillement et davantage de calme. Elle est elle-même divisée en différents secteurs suffisamment éloignés les uns des autres. Notons que le parti pris du pavillonnaire, permettant de regrouper les services par spécialités médicales, sera repris et retenu à l'actuel hôpital Edouard-Herriot de Lyon où il fonctionne toujours avec efficacité. Ce parti pris était aussi justifié à l'époque pour éviter les risques de contagion. *(Angle des rues Théodore-Lévigne et des Serpollières).*

13. Vue des usines. Selon ses descriptions et ses plans, Tony Garnier avait «placé» au sud du quartier de la gare un grand complexe industriel qui comprend «des hauts fourneaux, des aciéries, des ateliers pour les grandes presses et les grands marteaux, des ateliers de montage et d'ajustage, une gare d'eau pour le lancement des navires et leur entretien, une gare spéciale, un pont fluvial, etc.» Dans la version finale, l'auteur ajouta même des ateliers de construction d'avions. L'ensemble donne une image hardie de l'activité industrielle, à l'échelle d'un gigantisme maîtrisé. *(Angle des rues Théodore-Lévigne et des Serpollières).*

14. Les Hauts Fourneaux. Ce mur est le dernier du parcours concernant la Cité Industrielle, telle que l'architecte l'avait rêvée puis dessinée avec une grande maîtrise stylistique. Cette vision futuriste d'un lieu de production industrielle est à rapprocher de celles qu'offrent aujourd'hui les meilleurs auteurs de bande dessinée : d'un bout à l'autre du XXe siècle, on ressent de la même façon devant ces planches un sentiment d'universalité et d'intemporalité. *(Angle des rues Jean-Sarrazin et des Serpollières).*

15. Le Stade de Gerland. Cette peinture murale et les trois suivantes correspondent à des réalisations avérées de Tony Garnier. Après une période difficile où la reconnaissance de Tony Garnier tardait à venir et où l'architecte songea un temps à s'expatrier, les commandes par la Ville de Lyon commencèrent à arriver. A partir de 1905, il entreprit de concrétiser quelques-unes de ses idées dans sa ville natale, avec l'appui du docteur Augagneur, puis d'Edouard Herriot, maires successifs. Ainsi, les arcades du stade de Gerland sont toujours visibles à quelques encablures de la Cité Tony Garnier, même si les arcs prestigieux des quatre entrées monumentales sont encore aujourd'hui les seules traces restantes du projet initial. A hauteur du regard, l'athlète qui court avait été photographié à la fin du siècle dernier par Muybridge, à l'aide de son appareil stroboscopique. Le mouvement qu'il impulse crée une ouverture symbolique dans le mur par

"Le stade de Gerland".

laquelle on se fait happer, comme si le passant pouvait entrer et courir dans la brèche imaginaire. *(Angle des rues Emile-Combes et Wakatsuki).*

16. Hôpital de Grange-Blanche. Il portait le nom du lieu-dit où il a été implanté, il a pris celui du maire qui l'avait commandé à Tony Garnier en 1909. Et il est toujours en service. L'architecte avait prévu de réaliser 26 pavillons, autant que de lettres dans l'alphabet. Mais en réalité, il n'en compte que 22, l'hôpital Edouard-Herriot s'épelle jusqu'à la lettre V. Ses pavillons sont reliés entre eux par un système de galeries souterraines. *(Angle des rues Théodore-Lévigne et Wakatsuki).*

17. Abattoirs de La Mouche. La somptueuse halle des anciens abattoirs est le seul vestige, toujours visible, de la gigantesque «cité de la viande» construite sur 250 hectares par Tony Garnier. Elle représente une véritable prouesse architecturale, longue de 210 m sans pilier. Sous ses non moins gigantesques poutrelles d'acier, la halle a vu successivement passer les armes (dépôt et fabrique pendant la Première guerre mondiale), les bovins jusque dans les années 60 et aujourd'hui les artistes, invités dans ce qui est désormais un lieu d'accueil pour la culture sous toutes ses formes (expositions, concerts). Au premier plan de la peinture, les personnalités de l'époque sont là le jour de l'inauguration : les frères Lumière, Laurent Bonnevay, et Jules Courmont entourent Edouard Herriot et Tony Garnier qui se serrent la main. Le système des rotules est éclairé avec finesse pour souligner les détails d'une technologie révolutionnaire : les rotules métalliques permettent, sur l'immense portée, l'articulation des axes. *(Angle des rues Théodore-Lévigne et Wakatsuki).*

18. Le Quartier des Etats-Unis. Sur le site même de sa construction, cette peinture évoque la série des dessins initiaux que fit Tony Garnir pour ce quartier d'habitations. Tout le quartier des Etats-Unis est traversé par le boulevard du même nom qui devait

"Habitations en commun".

"Cité idéale d'Egypte".

être équipé d'une ligne de tramway, mais celle-ci n'a jamais vu le jour. Au nom des impératifs économiques, les projets réalisés en 1917 subirent des modifications importantes : l'architecte dut surélever de 3 à 5 étages les bâtiments. En concentrant en hauteur bien plus de logements qu'il ne le souhaitait, le quartier des Etats-Unis prit un visage différent. Ici, sur le dessin, les immeubles, moins hauts, sont largement ouverts au soleil et à la lumière. Et les murs pignons aveugles n'existent pas ! Ils n'ont pas été voulus par l'architecte. Celui-ci serait sûrement agréablement surpris de voir redessinée son œuvre sur ces mêmes murs issus d'une contrainte de l'urbanisme de l'époque... *(Angle des rues Jean-Sarrazin et Wakatsuki).*

En 1991, l'Unesco décerne au Musée Urbain Tony Garnier le label de la «Décennie mondiale du développement culturel». Cette reconnaissance encourage Cité de la Création à faire participer des artistes de tous les continents à une vaste exploration du thème de la Cité idéale. Il en résulte six œuvres originales qui prolongent l'itinéraire imaginé autour de Tony Garnier.

19. Cité Idéale d'Egypte. Celle qu'a produite l'Egyptien Abdel Salam Eïd procède à la fois de la visite au passé glorieux de l'empire au bord du Nil et de son intégration dans le monde contemporain. Les circuits imprimés, comme des hiéroglyphes, montent ensemble à l'assaut des trois portes qui ouvrent l'accès à la Cité idéale d'Abdel Salam Eïd. *(Angle des rues Jean-Sarrazin et Rochambeau).*

20. Cité Idéale de l'Inde. Shantaram Tumbda est le peintre choisi pour le vaste sous-continent. Originaire de l'est de l'Inde, issu de la tribu des Warlis, il exprime avec force

"Les abattoirs de La Mouche".

dans le motif central le rituel protecteur que peignent les jeunes mariés dans leurs maisons. Cette ethnie ne connaît pas l'écriture et transmet son histoire oralement, et par la danse et les peintures collectives tracées à l'occasion des mariages. En haut, sont représentées des scènes de la vie agricole : culture du riz, pêche, travaux des champs. En-dessous du motif central, la fête et ses nombreux rites animent la fresque avec beaucoup de générosité dans l'intention. *(Angle des rues Théodore-Lévigne et Rochambeau).*

21. Cité Idéale du Mexique. Arturo Guerrero et Marisa Lara exercent leur art en couple : ils travaillent dans la rue, ce sont des muralistes dans la lignée de Diego Rivera et des grands muralistes de l'Amérique centrale et du sud. Le mur qu'ils ont réalisé est à l'image de leur pays. Agités de mille couleurs, les symboles parlent aux gens de la rue avec la force de l'évidence dans cette peinture cosmique. Les astres même semblent en fusion et les anges relient tout aussi bien les hommes que les serpents à plumes, Quetzacoatl, qui jaillit du cactus pour grimper vers la lumière. Le dynamisme engendré par les couleurs et les tracés mouvementés est souligné par le jeu des cordes à linge reliant les fenêtres ouvertes sur le monde et la ville. *(Angle des rues Théodore-Lévigne et Rochambeau).*

"Cité idéale de l'Inde". Détail.

"Cité idéale de Côte d'Ivoire".

"Cité idéale du Mexique". Détail.

22. Cité Idéale de la Côte d'Ivoire. Youssouf Bath vit et enseigne le dessin à Abidjan, ville tentaculaire sur toute l'Afrique de l'ouest. Il a coutume de peindre sur d'immenses écorces d'arbres avec des pigments qu'il prépare lui-même. Comme chez les Mexicains, la fresque de Youssouf Bath évoque les relations de l'homme avec les esprits, d'où qu'ils viennent : animiste (de nombreux fétiches et totems sont représentés), mais aussi catholique et musulman. Cette volonté d'aller vers une sorte de syncrétisme religieux est à l'image de celle qui se manifeste dans les couleurs portées, revendiquées de l'Afrique : les ocres pour la paille des maisons en torchis, les rouge-orangé pour la chair, les bleus pour les forces de la nuit. *(Angle des rues Emile-Combes et Rochambeau).*

23. Cité Idéale de la Russie. Voilà une surface remplie au maximum de ses possibilités spatiales... Encore une œuvre très colorée et utopique comme l'est toute la peinture naïve. Dans cet embriquement des maisons et des monuments aux formes biscornues, la perspective transforme le spectateur en Icare volant au-dessus de ce village sans limites où jardins et rivières rythment la composition. Gregory Chestakov s'est souvenu des icônes de son pays en concevant cet urbanisme échevelé, loin de la rigidité de l'époque soviétique. *(Angle des rues Emile-Combes et Wakatsuki).*

24. Cité idéale des Etats-Unis. Matt Mullican n'est pas un inconnu dans la région lyonnaise. Après avoir travaillé notamment avec la Ville de Givors, il est revenu à Lyon,

"Cité idéale de la Russie".

séduit par le projet des fresques du Musée Urbain Tony Garnier, où il a découvert un nouveau type de rapport avec le public. Deux ans plus tard, il signe la conception artistique du parking des Terreaux, place de l'Hôtel-de-Ville. Ici, il clôt l'itinéraire muséal en plein air avec cette fresque majestueuse et inventive où les signes personnels qu'il a élaborés, noirs sur fond blanc, forment une composition dynamique. L'utilisation de séries de pictogrammes dans des panneaux géométriques contribue à évoquer avec force l'univers urbain et ses codes de communication. Aux trois couleurs primaires, le bleu pour la machine, le jaune pour les arts, le rouge pour la métaphysique et le noir pour le langage, est associé le vert pour l'évolution biologique. Matt Mullican avait produit des bannières dans la ville de New-York qui avaient été brûlées : rien de tel ne s'est produit au Musée Urbain Tony Garnier : aucun saccage, aucun graffiti nulle part. *(Angle des rues Joseph-Chapelle et Wakatsuki).*

"Cité idéale des Etats-Unis".

DES PLUS ANCIENNES AUX PLUS RECENTES HUIT FRESQUES DANS L'AGGLOMERATION LYONNAISE

9. VOYAGES DANS LA VILLE

Un siècle de transports en commun dans Lyon.

98, avenue Lacassagne, Lyon, 3e.
720 m² -1989

Histoires de murs ou murs d'histoire ?
La saga des Transports en Commun Lyonnais (TCL) a été conçue avec l'aide précieuse du personnel de l'entreprise. Les «traminos» ont apporté des documents, des images, tous ont fouillé ensemble l'histoire des transports lyonnais. Cité de la Création a immortalisé non seulement des hommes (200 personnages sont figurés dans toute la fresque), mais aussi des machines volantes et roulantes dans une chronologie mise en scène avec travellings, panoramiques, plans américains, grands angles. La fresque des TCL se déploie au fil du temps -et de la circulation à sens unique- sur le mur extérieur du dépôt des Pins. Le parcours visuel se découpe au rythme des descentes des chêneaux, en sept tableaux.

Premier tableau. Cela commence par la voiture à chevaux, en 1855 dans des ambiances lyonnaises : ici, un cabaret aux Brotteaux, là, un quai de Saône. Regardez les affiches, ce sont les premières qui paraissent. Le dessin du journal satirique «Guignol et Gnafron» représente un tramway tiré par des tortues, soulignant ainsi les débuts difficiles des premiers transports en commun. On retrouve le même ton ironique dans le journal satirique lyonnais «Le Clairon», cent-cinquante ans plus tard !
Le funiculaire de la Croix-Rousse est en bonne place dans cette évocation : la «ficelle», tractée par des câbles -la crémaillère- monte à l'assaut de la colline dès 1887.
Deuxième tableau. Voyez la place Bellecour s'ouvrir vers Fourvière à droite du castelet. En 1880, est créée la première ligne de tramways (à chevaux) qui relie le coeur de la ville, la place Bellecour, à Ecully, à l'ouest de la ville.
Que de développements fabuleux dans les transports à cette époque : la voiture (une Dion Bouton s'il vous plaît), le tramway électrique (première ligne en 1894, reliant Lyon à Oullins), mais aussi le tramway à vapeur ou à chevaux... Clin d'œil aux transports aériens, un dirigeable et un aéroplane survolent qui le fleuve, qui la place...

Troisième tableau. C'est le règne sans partage de l'électrique au royaume du tramway : tous les modes de transport y passent, y compris les «impériales», recouvertes par un toit surmonté d'une perche. Il existe aussi la version-tramway à deux étages - mais pourquoi diable les Anglais nous l'ont-ils confisquée ? On l'appelle la « belle-mère «, en référence à la mode de l'époque et à ses amples jupons. Il y a du frou-frou dans l'air avec les trois jeunes élégantes qui traversent nonchalamment. Cette image très « Belle-Epoque « côtoie celle des trois hommes-sandwiches qui renvoient à la part de l'ombre du XIXe, un siècle extrêmement dur pour les pauvres gens. Zola n'est pas loin. En fond de décor, la gare de Perrache, pour l'évocation du chemin de fer, sans l'actuel « échangeur « routier et autoroutier qui l'a rendue méconnaissable.

Quatrième tableau. De l'Exposition internationale de 1914, qui eut lieu dans la grande halle des abattoirs (devenue Halle Tony-Garnier), l'œil revient sur la colonne Maurice Morris. La publicité est née, le jazz et le charleston envahissent pacifiquement la ville, après la guerre. Les femmes abandonnent corsets et froufrous, les tenues se font plus fluides, et Jean Mermoz vole... Quant au premier autobus à pneus gonflables, il apparaît en 1924.

Cinquième tableau. Devant la mairie de Lyon, le volumineux «gazogène» est le seul bus à circuler pendant la Deuxième guerre mondiale. Toujours place des Terrreaux, le bus «13» bien connu des Croix-Roussiens longe la célèbre fontaine de Bartholdi. Il passe et

il repassera par là, car le «13» est toujours en service sur la même ligne, prêt à grimper sur la colline, depuis la presqu'île jusqu'au boulevard de la Croix-Rousse. Ambiance de Traction-Avant, chapeaux mous et gabardine : clin d'œil à Jean Gabin et aux films noirs des années Quarante.
Après la guerre, les trolleybus remplacent les tramways lors du plan de rénovation du réseau. Lyon a la fierté, six ans plus tard en 1955, d'acquérir la réputation d'être la ville du trolleybus, avec 21 lignes.

Sixième tableau. Les années Soixante : au fond, émerge la tour de la Duchère (9e), sise dans l'une des premières cités lyonnaises, construites alors pour accueillir les familles de «Pieds-noirs» débarquées en métropole. Devant nous, le mouvement s'accélère, la circulation se fait plus dense et les moyens de transport se sont diversifiés. Sous nos yeux, passent les merveilles de l'époque : la Deux-Chevaux, le Scooter, la Motobécane. Une jeune fille est vêtue à la Mondrian : une toile du peintre comme robe, quel chic ! Les tonalités claquent joyeusement, sur fond de barre d'immeuble blanc et de ciel bleu. C'est le temps des boums et du baby-boum. Sur le Scooter, Gilbert et Halim friment... Lulu, de Margerin, secoue sa banane dans le coupé rose. En 1967, les Omnibus et Tramways de Lyon (OTL) deviennent les Transports en Commun Lyonnais (TCL).

Septième tableau. Ambiance presque futuriste dans cette vision très architecturale de la Part-Dieu, centre d'échanges de voyageurs très important. Il y a du fantastique dans ces quadrillages de sols et de façades, où le verre et le béton se répondent. Les piétons et les autobus forment des saynettes, romantique comme dans ce baiser échangé contre le mur d'un immeuble, ou énigmatique comme ce couple qui descend de la passerelle. Vitesse, lumières et mouvements.

10. HAUTE-ROCHE

Une fresque qui fait le mur

Avenue des Hautes Roches, Pierre-Bénite.
300 m² - 1992

C'est une carte postale géante sur un pignon que l'on voit de loin, dès que l'on quitte le centre du village pour aller vers le quartier des HLM de Haute-Roche -et c'est assez rapide. La terrasse du petit centre commercial qui vient d'être rénové se trouve juste en face de la fresque, elle offre un promontoire parfait pour l'observation.
Le mur de soutènement, au pied de l'immeuble, était souvent recouvert d'affiches collées à la va-vite. Aujourd'hui, simulant un entassement de grosses pierres, il annonce la couleur de l'ensemble pictural : les Hautes Roches, c'est bien là. Au dessus, un (vrai) passage piéton relie la route à l'immeuble en longeant la fresque. L'ancien pignon aveugle qu'elle occupe est devenu à la fois la carte de visite des habitants de Pierre-Bénite, partie prenante du projet dès sa genèse, et le livre d'histoire retraçant à grands coups de pinceaux et en quelques tableaux le passé de la cité. Teinte sépia pour le tableau principal qui rappelle les années 1900, lorsque les bateliers s'amarraient à la «Pierre Bénite» et se signaient avant d'affronter les eaux turbulentes du Rhône. Lors des beaux jours, les Lyonnais aimaient à flâner le long du fleuve et de ses bras verdoyants, les «lônes», souvent cultivées de-ci de-là. Un cycliste contemporain -VTT, casque et

short *ad hoc*- traverse mine de rien ce paysage du temps passé, tandis que plus haut, une succession de cartes postales en noir et blanc évoque un passé bien plus récent, celui des années 60 qui vit Pierre-Bénite devenir une cité populaire où s'installèrent nombre de familles d'origine étrangère, attirées par le travail proposé par le secteur pétrochimique. A la fois simple et chargée de sens, cette fresque est en harmonie avec le quartier qui l'a vue naître. Ici non plus, aucun graffiti ne vient la parasiter. En associant systématiquement la population aux projets de murs peints, en constituant ici un «groupe de recherche» en dehors des structures officielles, la rencontre habitants/artistes a pris forme et vit pour la fierté de tous.

"Haute-Roche", à Pierre-Bénite.

11. LYON, LA SANTE, LA VIE

115, avenue Lacassagne, Lyon, 3e
500 m² - 1992

Des visages, une foule de visages blanc-bleuté : le bleu ici est la couleur des laboratoires Lipha. La fresque qui orne deux murs-pignons de leurs locaux, situés à un carrefour passant, rend hommage à tous les savants, techniciens et médecins, scientifiques et professeurs, qui ont participé d'une façon ou d'une autre à l'essor de la recherche médicale lyonnaise.
Dans cet ensemble fourmillant, domine en haut et en grand la figure de **Claude Bernard**, médecin. On retrouve **Auguste Lumière** (co-inventeur du cinéma avec son frère Louis) qui fut aussi chimiste de génie et à qui l'on doit la mise au point des sels d'or dans le traitement de la polyarthrite ; **Victor Grignard**, chimiste également et prix Nobel en 1912. Sur l'autre pignon, **François Rabelais** dialogue avec **Léon Bérard**, et avec des savants plus proches de nous dans le temps, **Louis Paufique** et **René Leriche**. Notons la présence de deux **Lépine**, mais aucun n'est l'inventeur du concours du même nom ! L'un, Raphaël, fut diabétologue et ses travaux ont ouvert la voie à la découverte de l'insuline, tandis que l'autre, Jacques-Gaspard, issu d'une famille de couteliers, mit au point des instruments de chirurgie que la famille continue de fabriquer.

Sur un fil rouge, l'électro-cardiogramme symbolise le cycle de la vie soumis à une observation intensive. De jeunes enfants le parcourent. A l'autre extrémité, un couple de vieillards est assis sur un banc : des personnages dont les couleurs vives tranchent avec les figures un peu austères des savants.

12. AMBROISE PARE

Scènes de la vie ordinaire

Résidence Ambroise-Paré
16 rue Guillaume-Paradin, Lyon, 8e.
150 m² - 1995

C'est une fresque aux couleurs de la façade : un matériau blanc, lumineux même lorsqu'il fait gris, et rehaussé de tâches colorées, parsemant joyeusement les traits d'un immense visage plutôt grave. Lorsqu'on sort du métro, on ne voit qu'elle. Le visage du chirurgien Ambroise Paré s'inscrit en filigrane sur le pignon à la verticale de cette Maison pour personnes âgées dépendantes (MAPAD). Un visage géant, aux traits doux, adoucis encore par les multiples personnages qui s'agglutinent comme des papillons, déposés par un aviateur facétieux. Habillés de vêtements légers, aux couleurs fraîches et vives de l'été, ils jouent sur le visage comme s'ils étaient dans un parc public.

Aux dames, au cerf-volant, à faire de la peinture sur chevalet, au ballon, à la corde... Une mère se penche sur le landau, un gosse fait du skate. Deux jeunes tourtereaux s'embrassent. Lorsqu'on approche du seuil de la vie, on se souvient de en plus en plus , paraît-il, de son enfance et des moments de bonheur perçus le temps d'un été, le temps d'une rencontre.

C'est pourquoi sans doute ce jour d'été ressemble tant à un jour de fête comme dans les films de Jacques Tati. Un jour de fête vu du ciel. Des personnes âgées à l'étage supérieur font signe aux arrivants tout en bas de la fresque. Une visite ? Quelle joie...

13. LYON TERMINAL

Jeu de construction géant dans la zone portuaire

300 mètres linéaires pour 70 conteneurs de 12 mètres de long,
soit 2100 m² de conteneurs : 12 motifs pour 210 pictogrammes peints

Soixante-dix conteneurs entassés au bord de l'eau, cela pourrait être banal. Nous sommes au port Edouard-Herriot, principal complexe portuaire industriel de l'axe rhodanien. Ici, par le fleuve, arrivent et partent toutes sortes de marchandises, la zone est plutôt cafardeuse. L'automobiliste qui remonte vers Lyon sur la berge d'en face, peut apercevoir du trafic portuaire les déplacements par grue des conteneurs usés avant l'âge, de couleur orange pâle ou rouille usagée... Le conteneur n'est pas en soi un objet propre à frapper l'imagination, et dans le contexte industriel du «couloir de la chimie», quoi de plus anodin ? Ce port, d'ailleurs, c'était à peine si on savait où le situer avant que Cité de la Création ne lui donne une seconde naissance : depuis, les quais d'accès de Lyon Terminal sont devenus une zone attractive géante pour le regard. D'une rive à l'autre en vitesse réduite depuis l'autoroute, on a une bonne visibilité . Comme quarante millions de personnes circulent chaque année dans la vallée rhodanienne, cela fait beaucoup de paires d'yeux étonnés... On n'a guère l'habitude de rencontrer dans l'espace public des objets industriels détournés de leur fonction usuelle pour devenir art. Un bleu presque outremer, tiré de la charte graphique de la CNR, a servi de «tôle de fond» aux conteneurs, ornés de différents pictogrammes symbolisant les différentes marchandises transportées. Symboles de l'activité de Lyon Terminal affrétant ses marchandises pour Fos-Marseille et le reste du monde, les conteneurs « relookés « par l'atelier Cité de la Création sont en réalité des déclassés : assemblés et lestés, ils offrent l'indispensable résistance au vent tout en pouvant être démontés, chargés et déménagés dans leur totalité en moins de deux heures ! Les Lyonnais qui fréquentent souvent l'axe rhodanien se sont habitués à voir bouger le jeu de construction géant qu'ils forment, selon les besoins du port qui a décuplé son activité ces dernières années. Provisoirement, une partie des conteneurs a été stockée, telle une barrière démontable au bord de l'eau, en attendant un réaménagement des terrains alentour, pour cause d'agrandissement. Il n'empêche, les conteneurs de Lyon Terminal font totalement partie du décor du Rhône à cet endroit-là. Même s'ils n'y sont pas tous, notre imagination s'en empare et les réinstalle autour du portique d'entrée qui porte la signature de «CNR-Lyon Terminal». Un jeu de câbles tendus entre les poutres du portique supporte la couronne des douze étoiles lumineuses du drapeau européen qui soulignent la dimension internationale du port.

Lyon Terminal de nuit. C'est ainsi qu'on le voit de l'autoroute qui longe le Rhône.

Mise en lumière, Architecture Lumière, Alain Guilhot.

14. PORTE DE LA SOIE

Les rues de la soie, au fil de la Croix-Rousse

Clos Jouve - 4, rue Carquillat, Lyon, 1er.
150 m^2 - 1995

Des frises, des colonnes, un bandeau sous le toit : ce n'est pas une simple porte mais un vaste portique en trompe-l'oeil qui ouvre en quelque sorte ce circuit frontal décoratif intitulé Porte de la Soie. L'UNESCO a attribué en 1995 à Cité de la Création le label de projet associé au projet mondial «Les Routes de la Soie» pour cette création qui conjugue réhabilitation et invention.
C'est lors de la réhabilitation menée par l'OPAC (office HLM) du Grand Lyon que les muralistes ont imaginé de travailler la façade de l'immeuble donnant directement sur le boulevard de la Croix-Rousse. Les immeubles alentour sont, eux, simplement rehaussés du même bandeau orné de motifs décoratifs inspirés des tissus créés par les stylistes de

l'époque. Les ateliers de soyeux ont été nombreux jusque dans les années Cinquante à la Croix-Rousse, et les plus prestigieux d'entre eux sont toujours ancrés dans le territoire lyonnais.

Pour le reste, regardez, lisez : tout est limpide comme dans un livre d'images, **Gengis Khan** est au troisième à droite, **Marco Polo** lui répond sur la gauche. Au niveau de l'entresol, la frise, gracile comme le sujet qu'elle évoque sur le fronton de cet immeuble typique des années Trente, est composée d'une caravane de chameaux et d'ânes.

15. LA FRESQUE DE GERLAND

18, rue Pierre de Coubertin, Lyon, 7e.
190 m² - 1998

Tout près du stade, un immeuble dresse sa haute silhouette presque incongrue au pied d'un jardin ouvrier. Dans un décor reprenant à son compte les représentations fortes du quartier -la Halle Tony Garnier, la technopole, les grandes écoles, la recherche-, les visiteurs peuvent retrouver une impressionnante collection de souvenirs liés au Mondial 98. Ce moment d'intense émotion sportive est dépeint dans une évocation qui tient à la fois de l'inventaire à la Prévert et de l'instantané jubilatoire : dans les multiples cases, coins et rebords de cette arène picturale, s'entassent des coupures de journaux du jour « J «, avec *l'Equipe* et *Le Progrès* titrant sur cette coupe du monde inoubliable, et tous les objets fétiches des supporters qu'elle a véhiculés, ballons, logos, fanions...
On sera plus surpris de voir surgir les animaux de la ferme d'une de ces fantastiques arcades tracées çà et là, avant que l'on ne se souvienne du destin historique de la Halle Tony Garnier, ancien abattoir transformé en lieu d'exposition, et du poids de la recherche médicale et vétérinaire que représente Mérieux dans cet arrondissement.
Un jardinier tourne tranquillement le dos au stade, tandis qu'on croit entendre la «hola» de la foule en délire. La touche finale a été livrée à l'heure même du triomphe, ce qui permit d'immortaliser un résultat qui dépassa toutes les espérances tricolores. Ainsi, l'un des événements les plus médiatiques de cette fin de siècle a laissé tout près des pelouses du stade son empreinte monumentale. Cette fresque demeure l'un des murs peints les plus en vue de Lyon, la foule des supporters quittant le stade se pressant à son pied chaque semaine...

Mise en lumière : Eclairage Public de la Ville de Lyon

POUR L'ETERNITE
COUPE DU MONDE
FRANCE 98

16. LA FRESQUE DE MONTLUC

Ou faire la peau douce à un mur ?

Rue du Dauphiné, Lyon, 3e.
800 m² - 1999

C'est sans doute sur ce mur-là que les contraintes étaient les plus fortes, car la fonction du lieu, hier comme aujourd'hui, relève de la souffrance et de l'enfermement, des résistants d'hier aux femmes d'aujourd'hui, prisonnières de droit commun. Montluc est un lieu de détention, et les muralistes ont eu immédiatement conscience que ce mur ne pouvait en aucun cas être traité comme les autres.
Avec les artistes pendant trois ans, les habitants et les multiples associations d'anciens combattants qui tenaient à rappeler cette page douloureuse de l'histoire lyonnaise ont élaboré ensemble cette fresque. Le choix ne s'est pas porté sur la description de personnes ou de scènes. Cité de la Création a préféré évoquer la souffrance à travers des références universelles sans heurter les sensibilités, avec pudeur et réserve. Et Van Gogh, le peintre à l'oreille coupée, dont la vie n'a pas été un long fleuve tranquille, est de celles-là.

« Le champ aux corbeaux «, réalisé peu de temps avant la mort du peintre, a servi de fond et de rappel pictural pour ce mur long comme un jour sans pain. Les couleurs, les traits de brosse vont ici en s'estompant, jusqu'à ne plus laisser que la litanie des noms de détenus qu'on dirait gravés entre ciel et terre. Sur ce fond très expressif, surgit en filigrane **Jean Moulin**, tel un fantôme. Des traits noirs égrenant les jours, reliés par un trait oblique lorsque la dizaine est atteinte, ajoutent au rythme de l'ensemble en comptant les jours qui passent tels qu'ils s'inscrivent sur les murs des cellules.

Sur cette fresque, le travail de précision devait se conjuguer plus que jamais au travail d'ensemble : pour imiter les touches du pinceau de Van Gogh, il faut avoir une âme de bénédictin. Deux mois de chantier intensif ont été nécessaires pour repérer globalement les marques sans trop entrer dans le détail, prendre du recul, donner plus de nervosité ou assouplir, sur toute la longueur du mur.

Pas question bien sûr que la fresque puisse être utilisée à des fins promotionnelles. L'atelier Cité de la Création a financé pour moitié son propre travail et n'a eu dans cette opération qu'un seul partenaire, l'Observatoire International des Prisons, basé à Lyon. C'est peut-être la fresque qui parle le mieux d'émotion à fleur de mur, à fleur de peau.

DES MURS QUI MURMURENT DANS LES VILLES

Ainsi que des touches de décor urbain parsemées dans la ville, ils étonnent. Prenez le temps de les découvrir... Ils murmurent des histoires de ville.

17. LES BASILIQUES DE SAINT-JUST

9, rue des Macchabées, Lyon, 5e.
70 m² - 1993

Des basiliques du Moyen Age (au pluriel), il ne reste que quelques vestiges, récemment mis au jour. Les promeneurs d'aujourd'hui ignorent pour la plupart que le site fut un haut lieu de la spiritualité lyonnaise. La fresque de Saint-Just le rappelle à dessein. La maquette de cette (œuvre a été inspirée d'un extrait d'un plan scénographique de la ville de Lyon qui fut tracé vers 1550 par une main anonyme et qui est conservé aux Archives municipales. Il représente l'église dans son dernier état, à l'abri des murs d'enceinte censés la protéger. Las, ces murs ne tinrent pas longtemps. Douze ans après son achèvement, les troupes du baron des Adrets détruisirent l'ensemble. La peinture utilisée pour cette fresque évoque les teintes d'ocre et de brun végétal qui renforcent l'effet de parchemin de la fresque.

18. GENAS

Rue de la République et Grande Rue (à l'entrée de la ville), Genas.
80, 60, 40 et 30 m² - 1995

Genas n'est guère loin de Lyon. Il y a cent ans, on ne voyait pas les choses de la même manière car il fallait une heure et demie pour rejoindre la ville depuis ce petit bourg. En témoigne le relais des diligences qui se tenait là où est désormais installée une fresque rappelant cette époque. Quant à la forge, sa fonction était alors aussi vitale que celle du garage en l'an 2000...
Rue de la République, trois autres fresques témoignent de lieux et d'activités disparus, dont la forge. L'évocation du parc en 1900 rappelle les dimanches à la campagne : des promeneuses, des boulistes le long d'une allée. Il reste aujourd'hui bien peu de ces «clos», cours fermées aménagées spécialement à côté des cafés où l'on jouait à la « longue «. Pour finir, nous irions bien « Chez Jeanne « prendre un verre : la patronne est-elle aussi accueillante que l'est celle de la chanson de Georges Brassens ?

Genas. "Le parc 1900". Rue de la République.

19. FETE LE MUR

100, cours Charlemagne, Lyon, 2e.
60 m² - 1998

Yannick Noah a lancé en 1999 l'opération «Fête le mur» : il s'agit en quelque sorte de proposer une échappatoire par le sport en développant la pratique du tennis. Un mur en témoigne, sur lequel apparaît le grand champion en pleine action. De quoi inciter les jeunes de ce quartier à taper dans les balles jaunes !

20. INFOGRAMES

Quai Paul-Sédallian, Lyon 9e

80 m² - 2002

C'est la toute dernière fresque mise en peinture par Cité de la Création sur le siège social d'Infogrames, spécialiste mondial des jeux vidéo. Une belle possibilité offerte aux artistes d'intégrer une œuvre originale dans les superbes bâtiments de cette société, construits à Vaise (Lyon, 9e) en bord de Saône. Cette œuvre murale, intitulée " Briques & break " présente un monde d'anticipation où les liens (numériques) rapprochent les individus.

21. VILLEFRANCHE

A la gloire des conscrits

***Quartier Belleroche**, deux fresques de 300 et 250 m², 1994.*
***Rue Nationale** : la fresque des Conscrits, 150 m², 1996.*

La capitale du Beaujolais a fait appel à trois reprises aux muralistes de Cité de la Création. Deux fresques qui se trouvent dans le quartier populaire de Belleroche ont été réalisées toutes deux en 1994. L'une fait référence à la mémoire du quartier, l'autre aux activités de la vigne.

En 1996, les Caladois ravis ont vu une troisième fresque voir le jour en plein centre, à hauteur de la «rue Nat», l'artère principale de la ville. Sur 150 m², un conscrit anonyme est dans la «vague». En effet, lors de la fête des conscrits, une fois l'an, la foule, répartie par tranches d'âge à l'occasion de cette grande fête beaujolaise et hivernale, crée une sorte de houle qui chavire dans les rues. Un panneau explique aux passants l'histoire et le déroulement de la fête caladoise, symbole de la solidarité des générations et de la convivialité beaujolaise.

LES TECHNIQUES UTILISEES

Comment réalise-t-on une fresque ?
Cité de la Création pratique son métier de façon artisanale. Loin d'épouser un enthousiasme délirant pour la technologie, c'est l'émotion qui est privilégiée. Sur les pignons et les façades, à partir du moment où l'on peut sentir la fragilité de la main et du regard, la sensibilité peut s'exercer. «La technologie trop sophistiquée n'a pas de place dans notre travail, elle est trop froide, cela tuerait l'émotion» estiment les muralistes qui comparent leurs œuvres à «de simples traces, éphémères, fragiles parce qu'humaines».

Entre le premier contact et l'inauguration, il faut donc à Cité de la Création neuf mois de travail en moyenne. Cette conception-là comporte des étapes complexes : repérages, photographies, documentation, rencontres et dialogues avec les partenaires et les habitants, demandes d'autorisation. Toutes les étapes de la fabrication sont assurées, techniquement et artistiquement, par les muralistes coopérateurs . Ce qui confirme leur talent hors norme : Cité de la Création est la seule entreprise de muralistes en France à maîtriser tout le processus, de a à z.

Le déroulé des différentes étapes
De l'étude graphique à la préparation du mur -le support doit être de qualité pour garantir la pérennité du mur-, de la documentation aux études chromatiques, des croquis des personnages à la peinture de l'œuvre, que d'étapes à franchir, parfois simultanément !

En voici schématiquement le déroulé :
- maquette d'intention
- maquette au 1/10e
- photo de ces maquettes (par exemple : 100 photos d'1m² pour un mur de 100m²)
- agrandissement sur calque, le «poncif», chaque calque étant numéroté comme un mot croisé

- positionnement des poncifs sur le mur
- traçage à la poudre
- repérage des traces obtenues par les poncifs
- eprise des dessins et repères sur le mur (une sorte de «trompe l'œil» en termes de points de fuite : c'est l'œil qui commande)
- passage d'une sous-couche
- mise en couleurs, passées de façon à révéler le mur dans son ensemble : « Non pas morceau par morceau, mais en montant les couleurs dans leur globalité, au même niveau sur l'ensemble de l'œuvre, par couches successives de peinture, comme une photo dans le bain du révélateur qui apparaît lentement. Jusqu'au moment où l'on va fignoler les lumières et les ombres. Et là, il faut s'arrêter, juste au bon moment...»

Vingt ans de pratique

Rien n'a changé, alors, en vingt ans de pratique ?

«Bien sûr que si, répondent les muralistes de Cité de la Création, notre perception s'est aiguisée avec le temps : on arrive mieux à sentir un mur, à s'en s'arracher aussi quand il le faut. On le comprend, on l'apprivoise». Cette acuité du regard se manifeste aussi à la longue sur le travail que fournissent les uns et les autres : «Face aux murs, on connaît les comportements des uns et des autres». Autre observation faite par l'un des garçons de l'équipe : «Je sais reconnaître si c'est une femme ou un homme qui a peint ; le mode de rapport à la verticale, à la technique, aux lignes, n'est pas le même».

Le travail de Cité de la Création a aussi évolué avec l'apparition de matériaux nouveaux, testés dans leur centre de recherche intégré, installé dans un pavillon du parc Chabrières, à côté des ateliers des artistes. Dans ce centre qui fonctionne sur la base du mécénat d'entreprise et de contrats d'études, sont testés des produits nouveaux et des techniques.

QUI SONT-ILS ?

Cité de la Création, c'est une signature commune pour onze personnes. Citons-les une bonne fois pour toutes : Marion, Pomme, Elisabeth, Odile et Aïcha, Jean-Michel, Gilbert, Halim, Michel, Jean-Paul et Pierre. Onze associés coopérateurs, artistes, secrétaires ou gestionnaires, tous sur le même plan, sous une même signature.

Le style varie selon les rencontres, les projets, les murs et les villes ; pour vous en convaincre, feuilletez ce guide... depuis la simple illustration jusqu'au trompe-l'oeil le plus sophistiqué, on trouve de tout à Cité de la Création. Quoi de commun entre le mur de la Bibliothèque, le Musée Urbain Tony Garnier et l'intervention plastique sur les containers du port Edouard-Herriot, au bord du Rhône ? Une seule chose : « lutter contre la dictature de l'ennui, le règne de l'aseptisé». Entre le temps de préparation -documentation, dossiers, contacts, plans, croquis - et celui du chantier proprement dit, que de travail pour chaque mur ! Mais ce travail au long cours n'im-

plique pas un style de vie communautaire : «Chacun a sa vie privée, et le plaisir de travailler ensemble n'en est que mieux partagé». Ce distinguo est sans doute l'une des raisons qui fait que l'histoire de Cité de la Création, qui a fêté ses vingt ans en 1998, tient toujours debout.

Petite rétrospective

Après avoir claqué la porte des Beaux-Arts de Lyon, un petit noyau dur d'artistes -beaucoup sont encore là vingt-et-un ans plus tard- s'installent ensemble dans un atelier croix-roussien, montée de la Grande Côte, puis à Vaise, autre quartier lyonnais. De ces premières expériences collectives, naît un groupe, Populart, qui commence à réfléchir sur l'intervention artistique en milieu urbain. Son objectif : chercher à « établir la convivialité, catalyser les échanges humains, clarifier les images, redonner une identité aux lieux» (1).

Quant aux outils employés par les jeunes artistes, ils sont légers comme l'air : un statut d'association pour le groupe, un peu de matériel, et de l'énergie collective à revendre. Peu importe s'ils vivotent alors de petits jobs en petits jobs... Le collectif assure gratuitement des ateliers d'expression artistique pour les malades du Vinatier, l'un des hôpitaux psychiatriques de Lyon. Il faudra du temps, beaucoup de temps, pour trouver l'équilibre financier en créant des décors urbains...

Vint le temps d'Oullins ...

Il était une fois un lieu abandonné : une demeure ancienne avec de vastes espaces, au beau milieu du parc Chabrières, dominant l'ancienne ville industrielle, à la porte sud de Lyon. La commune d'Oullins, propriétaire des lieux, décide de la louer aux artistes de Cité de la Création, pour une somme modique en échange des travaux de réhabilitation. Ils y sont toujours et ils y sont bien, cela se voit. Cette maison est véritablement prédestinée aux croquis de toutes sortes : c'est ici que Ferdinand de Lesseps conçut et dessina les plans du canal de Suez.

En 1983, toute l'équipe de Cité de la Création embarque pour Mexico et va travailler aux côtés d'un groupe de muralistes de Tepito, un quartier indigène de la ville. Leurs échanges, sur deux années, seront extrêmement fertiles : à la Saulaie, une ancienne cité de transit d'Oullins, il reste quelques traces des fresques nées de ce fructueux dialogue nord-sud. Au Mexique, un terrible tremblement de terre a détruit les merveilleuses fresques quelques mois après leur pose... Mais l'expérience reste inoubliable pour tous les muralistes d'Amérique centrale et de France qui y ont participé. Depuis, pour Cité de la Création, les voyages se suivent et ne se ressemblent pas, d'Angoulême à Barcelone, de Pau à Mulhouse, de Leipzig à Québec...

Une coopérative

En 1984, au retour du Mexique, les muralistes lyonnais sont bien décidés à vivre de leur art. «Pour en faire un métier, on a cherché à se structurer comme un atelier. Avec des règles juridiques et un mode de fonctionnement interne qui soient le plus près possible de notre mode de pensée. «Ils abandonnent leur statut d'association et adoptent celui de Scop». Pour nous, c'est la formule idéale : une personne, une voix. Et l'outil de travail appartient aux coopérateurs. «La preuve par l'expérience que le monde de la création n'est pas incompatible avec celui de l'économie de marché. Marion, Pomme, Halim, Jean-Michel et les autres sont des producteurs créateurs , ni plus ni moins.

«Au fil des années, d'autres nous ont rejoint (peu sont partis). Ils marchent d'abord à côté de nous, et au bout d'un moment ils deviennent à leur tour coopérateurs».

Les murs peints Cité de la Création sont respectés

Lorsque se monte un projet de fresque, Cité de la Création cherche systématiquement à associer la population riveraine concernée. Avec des résultats tangibles, comme au Musée Urbain Tony Garnier où 20 000 touristes sont venus l'an passé : dans ce quartier excentré du 8e arrondissement, les habitants continuent à accueillir les touristes.

Cité de la Création consulte et organise des ateliers autour des fresques en cours. Aucun mur peint n'est jamais graffité, ce qui fait la fierté des artistes et des habitants.

Les murs BD d'Angoulème (1997-2001)

Parce qu'ils sont muralistes et médiateurs à la fois, ils travaillent dans toutes sortes de lieux. De la prison au restaurant quatre étoiles, il y a ce grand écart entre des travaux réalisés sur des lieux d'enfermement ou d'exclusion, et ceux exécutés sur les lieux de prestige. «Au départ, il faut laisser au temps le soin de faire valoir la logique urbaine, il faut aussi laisser à la pédagogie le temps de faire son œuvre».
Un travail complexe s'engage entre les différentes parties. S'il est bien intégré, il sera bien perçu. «On est capable d'amener des gens sur le terrain d'un art de plus en plus complexe. Nous ne cherchons pas à imposer de force des choses dans des lieux déjà en difficulté ; c'est par une pédagogie adaptée, en prenant du temps avec les habitants, que nous adaptons notre démarche artistique. C'est une recherche qui demande beaucoup d'humilité».

Aujourd'hui, Cité de la Création cherche davantage à faire travailler des jeunes auteurs plein de talent à qui elle apporte un savoir-faire technique «et un faire-savoir» : apprendre à monter des dossiers, à se rapprocher de financeurs potentiels, à être indépendants... Emergent ainsi de nouveaux talents, sur des critères qui sont davantage liés à une aventure humaine qu'à des dogmes artistiques. Pour l'atelier Cité de la Création, il est temps de passer des relais aujourd'hui à Lyon, où, sur une centaine de murs peints, plus de la moitié sont réalisés par Cité de la Création. A titre de comparaison, à Berlin, il existe plus de six cents murs peints. «A Lyon, il y a encore une quarantaine de murs où il est possible de peindre, et dix d'entre eux sont extraordinaires.» Il existe une véritable culture du mur peint à Lyon : «Aujourd'hui, des artistes étrangers voudraient venir travailler. Plusieurs l'ont déjà fait, l'Ivoirien Youssouf Bath ou l'Américain Matt Mullican qui ont souhaité travailler avec nous au Musée Urbain Tony Garnier, et qui ont découvert un nouveau type de rapport avec le public.» D'autres sont venus d'Amérique centrale, de Russie, de l'Inde, d'Egypte... et il en viendra encore.

Ephémère.

Les œuvres de Cité de la Création n'appartiennent pas au marché de l'art. Jouer sur la durée, peindre sur les murs, c'est aussi savoir que les œuvres sont éphémères. Certaines ont disparu, d'autres ont été recouvertes : les œuvres ne sont pas éternelles. «Dans les grottes de la préhistoire, les artistes avaient la même démarche que nous aujourd'hui. Parfois, les dessins des artistes ont été complétés deux mille ans plus tard....» Si certaines ont disparu, le Mur des Canuts, à la Croix-Rousse, en est à sa deuxième version made in Cité de la Création en dix ans.

«Pour nous, ce qui relève de l'artistique, c'est le processus qui amène à l'œuvre peinte. L'œuvre en est seulement le témoin. L'art naît de ce reflet qui est dans le regard du spectateur par rapport à l'œuvre. Nous, nous ne sommes que les capteurs de ce reflet».

Dans le long cheminement administratif qui mène de la conception d'un mur à son aboutissement, il est des négociations ardues : avec les architectes des Bâtiments de France pour les autorisations, avec les entreprises qui financent, souvent à près de 90%, les opérations. Le mur peint reste ensuite dans le domaine public, d'une façon totalement gratuite.

(1) Cf. Pierre Gras, La ville Arlequin, Syros Alternatives.

"La Fresque des Québécois". Réalisation été 1999.

PAR AILLEURS...

L'atelier Cité de la Création a beaucoup peint en dehors de Lyon... Dans d'autres villes, proches ou moins proches de leurs bases, à l'étranger aussi. Il n'est pas superflu de savoir que ces fresques existent... Elles seront à l'avenir de plus en plus nombreuses, puisque Cité de la Création s'internationalise. Elles sont dans la lignée de leurs sœurs lyonnaises, elles accrochent autant l'œil et l'esprit, elles font antant partie du décor urbain de ces agglomérations qui ont choisi le mur peint comme une composante de l'art de vivre en ville. Lyon, capitale du mur peint donne l'exemple...
Voici quelques-uns des 200 murs peints Cité de la Création.

EN FRANCE

A LYON

Banque Populaire de la Loire et du Lyonnais, angle rue Garibaldi et rue Bonnel, 3e, animation de piliers, 2000.
Entrée de la Maison de l'Orient, 7, rue Raulin, 7e , 50 m², 2000.

DANS LE DÉPARTEMENT DU RHÔNE :

BELLEVILLE, Belleville en Beaujolais, 69220, à l'entrée de la ville, 200 m², 1997.
CHASSIEU, 69680, Mairie, rue A.-Delage, 100 m², 1995.
OULLINS, 69600, La fresque du pont d'Oullins, Grande rue (entrée de la ville), 200 m², 2000.
PIERRE-BENITE, 69310, la Fresque de la Paix, place de la Paix, 300 m², 2000.
SAINT-FOY-LES-LYON, 69110, Place Xavier-Ricard, 120 m², 1998.
SAINT-GENIS-LAVAL, 69230, Fenêtres sur...
  Saint-Genis-Laval, La Poste, 55 avenue Clemenceau, 20 m?, 2000.
  Champlong, quartier du Champlong, 25 m², 2002.
  Groupe scolaire Albert-Mouton, 10 m², 2002.
VILLEFRANCHE-SUR-SAONE, 69400,
  Beaujolais Val de Saône. Quartier Belleroche. 300 m², 1994.
  Belleroche, Quartier Belleroche, 250 m², 1994.
VILLEURBANNE, 69100, Restaurant La Brumoise, 4, rue A.-Boutin.

DANS LES AUTRES DÉPARTEMENTS :

BOURG-EN-BRESSE, 01100,
  Bons Enfants, Rue des Bons Enfants, 300 m², 1989.
  Histoires au fil du lait. Technopole Alimentec, rue Boissieu, 325 m², 2000.
VONNAS, 01450, Restaurant Georges-Blanc.
CARCASSONNE, 11000,
  Le Pont Neuf , 2 avenue Arthur-Mullot, 170 m², 1990.
  Cité Médiévale, Rue Trivalle, 200 m², 1991.
AIX-EN-PROVENCE, 13090, Scènes de vie, Thermidor 9, Quartier de Jas-de-Bouffan, 180 m², 2000.
MARSEILLE, 13727, «Made in Provence». Aéroport Marseille-Provence, 150 m², 1999.
ANGOULEME, 16000,
  Les Murs BD d'Angoulême, 140 m², 70 m², 1997.
  Les murs d'Angoulême, 1997-2001 :
    Black et Mortimer, d'après Julliard
    Lucky Lucke et les Dalton, d'après Morris

Cubitus, d'après Dupa
Boule et Bille, d'après Roba.
Grumb,
Un samedi soir à Malakoff, d'après Margerin, 160 m^2
Chassez le naturel, d'après Boucq, 240 m^2
Issue de secours, d'après Mathieu
New York sur Charentes,d'après Nicolas de Crécy, 260 m^2
Le jardin extraordinaire, d'après Florence Cestac, 150 m^2.

VALENCE, 26000,
Trompe l'œil architectural, angle avenue Sadi Carnot et avenue Herriot, 120 m^2, 2000.
Parking Faventines, rue des Faventines, 180 m^2, 2001.

BREST, 29000, Brest Autrefois, Port de Commerce, 180 m^2, 1996.

FOUGERES, 35300,
La Ville Haute, avenue Général-de-Gaulle, 150 m^2, 1991.
Les Armoires de Fougères, dans toute la ville de Fougères, 30 peintures, 1994.

CREMIEU, 38000, La Fresque des Crémolans, angle des rues du Four Banal et du Lt-Cl-Bel, 70 m^2, 1998.
L'ISLE D'ABEAU, 38000, Le Vieux Bourg, Place du 8 Mai, 70 m^2, 1998.
VIENNE, 38200, Scènes de Vienne, au dos du théâtre municipal, 300 m^2, 1995.
TREPT, 38460, Trept peinture murale, place de l'Eglise, 100 m^2, 2000.
PAU, 64000, Pau, ville sportive, rue Jean-Monnet, 160 m^2, 1999.

BIARRITZ, 64200,
Le Carrefour de l'Hélianth, 250 m^2, 1992.
Biarrits Bonheur, Les Galeries Lafayette, 560 m^2, 1999.

PERPIGNAN, 66000, Le Mur de la Monnaie, 110 m^2, 1990.
STRASBOURG, 67000, Les Galeries Lafayette, 34 rue du 22 Novembre, 120 m^2, 2000.
MULHOUSE, 68100, Le Globe, 27-31 rue du Sauvage, 250 m^2, 1993.

MONTCEAU-LES-MINES, 71000,
La Fresque de Montceau-les-Mines, Cité Le Plessis, 300 m^2, 1999.
Montceau - Centre d'animation et de rencontres, quai Jules-Chagot, 900 m^2, 2002.

ANNECY, 74000, Archives départementales d'Annecy, Salle du Cadastre, avenue de Brogny, 70 m^2, 2000.
PARIS, 75010, C.I.E.S., 28, rue Grange aux Belles, 250 m^2, 1990.
LIMOGES, 87100, Place de la Motte, 1120 m^2, 1995.

A L'ÉTRANGER

ALLEMAGNE,
LEIPZIG, Raconte moi, Gersterstrasse 38 48 Pignon Sud, 70 m^2, 1995.
PASEWALK,Anklamer Tor (la porte Anklamer), angle Uckerstrasse et Markstrasse, 160 m^2, 1999.

ESPAGNE, BARCELONE, Les Balcons de Barcelone, Place Hispanitad, 450 m^2, 1992.
PORTUGAL, FELGUEIRAS, L'épopée de Nicolau Cuelho, Rue Vasco de Gama, 120 m^2, 1996.
CANADA, QUEBEC, la Fresque des Québécois, Place Royale, 450 m^2, 1999. A

ISRAËL,
JERUSALEM, La fresque des Enfants de Jérusalem, rue Ben Yehuda, 200 m^2, 2000.
JERUSALEM, Agripas 1, rue Agripas, 155 m^2, 2001.
JERUSALEM, Gilo , Esther Greenberg School, amphithéâtre intérieur, 380 m^2, 2001.
JERUSALEM, La fresque du tramway, angle rue Jaffa et rue King George, 180 m^2, 2002.

ROUMANIE, BUCAREST, Quartiers de Paris, Hôtel Royal Bucaresti, 125 m^2, 2000.

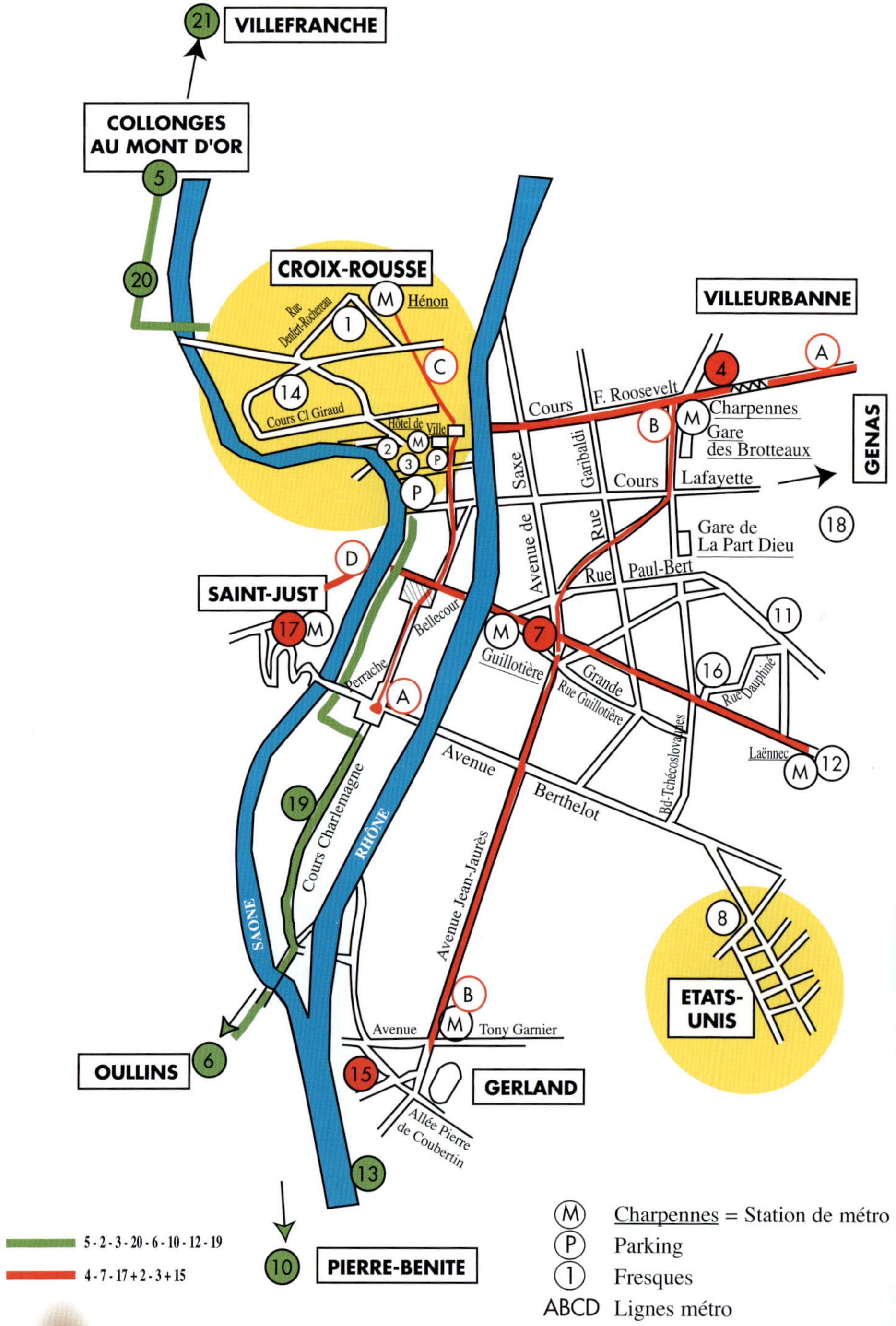
21
VILLEFRANCHE
COLLONGES
AU MONT D'OR
5
20
CROIX-ROUSSE
Hénon
Rue Denfert-Rochereau
1
C
14
Cours Cl Giraud
Hôtel de Ville
2
3
P
VILLEURBANNE
A
4
Cours
F. Roosevelt
B
Charpennes
Gare
des Brotteaux
GENAS
Saxe
Garibaldi
Cours
Lafayette
Gare de
La Part Dieu
18
Avenue de
Rue
Rue
Paul-Bert
D
SAINT-JUST
17
Bellecour
Guillotière
7
11
Grande
Rue Guillotière
16
Rue Dauphiné
Perrache
A
Avenue
Berthelot
Bd-Tchécoslovaques
Laënnec
12
19
Cours Charlemagne
RHÔNE
SAONE
Avenue Jean-Jaurès
8
ETATS-
UNIS
B
Avenue
Tony Garnier
OULLINS
6
15
GERLAND
Allée Pierre
de Coubertin
13
10
PIERRE-BENITE
5 - 2 - 3 - 20 - 6 - 10 - 12 - 19
4 - 7 - 17 + 2 - 3 + 15
Charpennes = Station de métro
Parking
Fresques
ABCD Lignes métro

QUELQUES ITINERAIRES POSSIBLES

Les murs peints de Lyon ne peuvent être visités en un seul itinéraire. Quelques balades thématiques se distinguent. Ou encore, selon le mode de transport, il sera nécessaire de regrouper certaines fresques géographiquement. Enfin, en fonction du temps dont on disposera, des choix seront à faire. Voici quelques propositions et adresses utiles.

Office du Tourisme de Lyon.
Place Bellecour 69002 LYON
Tél. 04 72 77 69 69
Visites proposées chaque mois : un florilège des murs peints de Lyon.

Mémoire's
Le Pivolet 69630 CHAPONOST
Tél. 04 78 45 03 52 ou 06 09 69 86 00
Pour des visites, ou des conférences.

1. Le Musée Urbain Tony Garnier
Circuit matérialisé en jaune
Boulevard des Etats-Unis. Lyon, 8e.
Bus n° 23, 32, 34, 36, 53.
Prévoir deux heures pour une visite approfondie. La visite se déroule à pied, de fresque en fresque. Possibilité de visites commentées.

Adresses utiles :
Association du Musée Urbain Tony Garnier
4, rue des Serpollières 69008 LYON
Tél. 04 78 75 16 75
Sur réservation ou sur place tous les samedis de 14 à 16 heures.

Le Comité des Locataires de la Cité Tony Garnier
14, rue des Serpollières 69008 LYON
Tél. 04 78 01 21 39
Affilié à la Confédération Nationale des Logements
Pour la visite de l'appartement-musée des années 30.

2. Sur les quais de Saône : en voiture (possibilités de parking)
Circuit matérialisé en vert.

Du nord au sud, via les fleuves, aux antipodes de la ville, de Villefranche ou du restaurant de Paul Bocuse (la Rue des Grands Chefs) au port Edouard-Herriot (les containers de la CNR, à voir de nuit de préférence, de l'autoroute, rive droite du Rhône, après le confluent), en passant par les deux murs des quais Saint-Vincent et de la Pêcherie, la Fresque des Lyonnais et la Bibliothèque de la Cité (parking quai Saint-Antoine). Prolonger par Oullins et Pierre-Bénite (Haute-Roche).

3. Les fresques majeures du centre-ville, en métro.
Circuit matérialisé en bleu.
Bibliothèque de la Cité et Fresque des Lyonnais (ligne A, station Hotel-de-Ville), Mur des Canuts (ligne C, station Hénon), La Porte de la Soie (ligne C, station Place de la Croix-Rousse).

4. Le long des lignes du métro.
Circuit matérialisé en rouge.
Ligne B (station Charpennes) : le Théâtre des Charpennes (Villeurbanne), puis revenir par la ligne D : le Mur du Cinéma (station Guillotière), et le funiculaire (station Saint-Just) : les Basiliques.

5. En voiture, parce que les distances sont importantes.
Les numéros des murs sont matérialisés en noir.
La Fresque de Montluc, puis le mur Lyon, la santé, la vie, avenue Lacassagne, très proche de l'Histoire des TCL, également avenue Lacassagne. Un peu excentrée, la Fresque de Gerland mérite le détour.

6. Enfin, de nuit, parce que les murs soigneusement mis en lumière sont un peu magiques :
Le port Edouard-Herriot et les containers de la C.N.R., le Théâtre des Charpennes, la Bibliothèque de la Cité, la Fresque des Lyonnais et le Musée Urbain Tony Garnier.

POUR EN SAVOIR PLUS

CITE DE LA CREATION, *Le Musée Urbain Tony Garnier*, Editions Lyonnaises, 1999.
COLLECTIF, *Le Mur des Canuts*, Esthétiques et Cités, 1997
DURAND, Dominique, et BOULOGNE, Daniel, *Le livre du Mur Peint*, Art et Techniques, Alternatives, 1985.
FONT, Martine, *La Bibliothèque de la Cité*, Editions Lyonnaises, 1998.
GRAS, Pierre, *La ville Arlequin, dix ans de murs peints dans l'agglomération lyonnaise*, Syros Alternatives, 1989.
PAWLOWSKI, Christophe, *Tony Garnier, pionnier de l'urbanisme du XXe siècle*, Les Créations du Pélican, 1993.

INDEX DES MURS PEINTS CITES DANS L'OUVRAGE

TABLE DES MATIERES

PAINTED WALLS LYON

CITÉ DE LA CRÉATION

TRANSLATION BY FABIENNE BERGANZ

Note of the editor...

The natives of Lyon became fond of the painted walls that can be seen all along the strolls, from district to district. The story of the town is vertically put on by muralists called "City of Creation." What do these muralists creed ? They claim that "aesthetics is one of the most important part of the town planning and of the urban communication..." That's why some walls bear a legend, some are the main theme of the first urban museum of the world, and some whisper throughout the town, like so many stopping places you should discover.

"WALLS ARE THE INHABITANTS' SKIN"

For almost 25 years, the artists of City of Creation have written this claiming by painting colours, characters and trompe-l'œil on the town walls of France and the whole world. In Lyon, their painted walls form a spectacular trip that draws visitors, tourists, as well as families surprised to make out the walls speak for themselves... The artists of City of Creation are creating new places like so many scenes of discoveries and exchanges : parts of life on parts of the city.

The renown of the group is due to the main walls

1. THE "CANUTS" WALL

"Boulevard des Canuts", Lyon, 4th arrondissement

1200 sq. m., 1987, then 1997 completed in March 2002

The "Canuts" – Silk workers – Wall is one of the most important fresco in size : it is the biggest of Europe. In 1987, it represented the first part of the city, the Croix-Rousse, and was painted on a blind wall against which the inhabitants were bumping so far. That is how City of Creation provided perspectives, high flights of stairs, mock windows next to real ones, and legendary characters. The public success was immediate and the whole town came and "visit" the trompe-l'œil. The "Canuts" Wall created its own legend : the whole town was talking about the wall, and the wall was talking about the town. Ten years later, City of Creation gave a new look to the fresco, made it to convey other meanings. The wall is still acting as a mirror of the town and of the Croix-Rousse, where the district dwellers appear. The characters of the first fresco are still there, but they are ten years older. We will see in details, storey by storey, what are the tenants' lives, the true ones' or the imaginary ones'. It acts as a tribute paid to ordinary people.

2. THE FRESCO OF THE NATIVES OF LYON

At the corner of the "Quai Saint-Vincent" and the "Rue de la Martinière",
Lyon, 1rst arrondissement
800 sq. m., 1995

The genesis of this work is due to the Catalans, who had just asked City of Creation to paint, in Barcelona a fresco representing thirty famous Catalans, for the Olympic Games of 1992. The fresco is visible from the quay. Its façade displays 30 faces, 30 names of men and women who went through two thousand years of history in Lyon, in order to re-emerge, as in a picture book, on the walls of this building, which is typical of the city of Lyon. In the window of the (mock) bookshop are represented the works of contemporary artists living in Lyon, so as we cannot forget them. The building is the fruit of livened up exchanges, and the more we climb up the stairs, the more we go back in time. Thus, we can see, from top to bottom, and from left to right :

On the 4th floor : the bishop Saint Irénée is looking at ***Blandine***, a Christian martyr. Saint Irénée was not in Lyon when the tragic events of 177 occurred. He succeeded Pothin, another victim of the persecution.

On the 3rd floor : Louise Labé (1516-1566), also known as "The Beautiful Ropemaker", is discussing with ***Maurice Scève*** (1500-1560). Is she talking about his sonnets quivering with sensibility ? ***Juliette Récamier*** (1777-1849), elegantly leaning on her elbows at the central balcony, is waiting for the writers and the painters who frequented her salon. ***Claude Bourgelat*** (1712-1779), Louis XV's equerry, founded the French veterinary school. ***Pauline Jaricot*** (1799-1862), a rich heiress native of Lyon, devoted all her fortune to the poor and sided with the "canuts" during the revolt of 1834. ***Claudine Thévenet*** (1775-1837) became Mother Mary Saint Ignace and was declared "blessed" not a long time ago. As for ***Claude*** (10 BC-54 AD), a Roman emperor born in Lyon, he is escorted by the golden eagle.

On the 2nd floor : Claude Martin (1735-1800) joins the East India Company, makes his personal fortune flourish and founds schools (La Martinière school, in Lyon) and an orphanage. ***Jean-Baptiste Say*** (1767-1832) is noticed by Bonaparte. His influence marked the economist thought of his time. ***André-Marie Ampère*** (1775-1836) gave his name to the electric power strength. In Lyon, a lycée bears his name. ***Laurent Mourguet*** (1769-1844) is the creator of Guignol, a puppet from Lyon, always willing to scoff at the bourgeois living in Lyon, to drink a glass of beaujolais wine with Gnafron, the shoemaker. Of course, ***Antoine de Saint-Exupéry*** (1900-1944) is accompanied by the Little

Prince, who keeps on going around the world. ***Puvis de Chavannes*** (1824-1898), a painter and a friend of Delacroix, lived a long time unknown to the critics and the public before he became a giant... ***Jean de Verrazane*** (end of the 15th century-1528), explorer, native from Lyon, son of a Florentine merchant, was the first one to drop anchor in the bay of New-York...

On the 1rst floor : Antoine de Jussieu (1686-1758), a botany teacher, devoted his life to the observation of the flora. His parents were running an apothecary shop near the Terreaux. ***Marcel Mérieux*** (1870-1937) opened up the way of the great pharmaceutic and veterinary industry. His grandson, Jean, was associated right from the beginning with the modern medecine era that opened up to the research and industry. Nowadays, the name of Mérieux is associated with the one of Pasteur. ***Claude Bernard*** (1813-1878) became famous by laying the foundations of the experimental medecine. France, grateful to him, offered him national funeral when he died. ***Edouard Herriot*** (1872-1957), mayor of Lyon for 53 years and ***Tony Garnier*** (1869-1948), architect, are talking about town planning. The former was one of the linchpin of the 3rd Republic, the latter had to fight in order to impose his futuristic vision of the settlement of the 20th century. They both shaped the city on a long-term basis. ***Auguste*** (1862-1954) and ***Louis*** (1864-1948) ***Lumière*** turned the job of photographer into a four-handed and a two pionneering researcher passion. They discovered the cinematograph. ***Joseph-Marie Jacquard*** (1752-1834) is behind the tremendous expansion of the silk industry in Lyon, for he invented a revolutionnary loom. Beside him, ***Philippe de Lassalle*** (1723-1804) drawer in the silk trade sector, presented his rich and colorful materials to the most important people of the world and exported the expertise from Lyon to the whole world.

On the ground floor, the setting is typical from Lyon, with a gastronomy shop and six contemporary people : ***Bernard Pivot***, journalist, goes out of a shop, a book in the hand. ***The abbot Pierre***, humanist, gets down the stairs, while ***Bernard Lacombe***, football coach and former player of the Olympique Lyonnais, walks past. ***Paul Bocuse***, restaurateur, looks at the wandering tourists and ***Frédéric Dard***, writer, is delighted about the sight. As for ***Bertrand Tavernier***, film-maker, he is recording the scene.

3. THE CITY LIBRARY

At the corner of the "Pêcherie" and of the "Rue de la Platière",
Lyon, 1srt arrondissement.
400 sq. m., 1998

There are books at every floor, at every window. Books are the main things involved in this trompe-l'œil. They perfectly fit into the mood of the quays, where the secondhand booksellers have settled down, on the pavement acroos the street. Nearly 500 literary references, which are radiant with life, are inscribed on the three sections of walls. On six levels... Look at all these books ! Their classification is clever and deliberately subjective. It displays surprises, signs, marks. 164 authors' names are painted on the back of these monumental books, mixing all sorts of novels and all periods... There are fifteen texts written there, as to explain. And 300 authors' names are listed in the window of the ground floor bookseller, on the edge of the books, to the real dimensions. All the authors who have been chosen are literary people. Windows are open-air books recesses, which open onto the street. The authors were born or just worked in the Rhône-Alpes area. From this territorial visual field, they wander different ways thanks to texts and technologies from every era. From Rabelais, who studied at the "Hôtel-Dieu" (– general hospital –), to Annie Salager, a contemporary poetess native from Lyon, Gutenberg is at all levels ! Admire the rare edition of the works of Louise Labé who sings of the absent lover, and the style of Calaferte who so much knew how to talk about Lyon. Theatre echoes the scenes of Lyon and its area, and farther, at the extreme left, we can see the great drawer Tardi, with Léo Mallet... Some elements external to the book world form the façade with them : a pipe, a bird, a commedia dell'arte mask, a flying saucer, some material with which one can write a story. It is worth seeing by day as well as by night. The fact that the scene is brought to light emphasizes surprising details...

4. THE CHARPENNES THEATRE

52, "Rue Gabriel-Péri", Villeurbanne
400 sq. m., 1998

When it was time to restore this building, the co-owners came to an agreement. The dwellers discovered or rediscovered the story of the district and City of Creation took it over in order to pay a tribute to the Italians and to the work and culture linked to this country. But what is the connection between Italy and Villeurbanne ? Why build an

Italian-style theatre ? That story makes us remember that Lyon and its suburbs have been a land of immigration for a long time : Italian people came there by successive waves. A wonderful décor sky and all the cross section of its machinery convey a sufficient distance, so that we can watch the scenes. Look at those three men who, close beside a pillar, have an altercation : they reveal the difficult conditions of the silk workers of the 19th century. In 1786, in order to escape their wretched condition, the "canuts" wanted to go abroad, especially to Italy, despite the fact that they were forbidden to leave. Two of them were arrested and hanged. That event led to a people's demonstration that threw all the district into a state of unrest. The scene represents the "Grande Rue des Charpennes", just as it used to be before the alterations on the metro began. In 1850, a public wash house was built. It allowed the domestic confort to improve a lot. In the past, there was a grain and fodder merchant. There he is, a hay bundle at the end of his pitch-fork. The horse-drawn omnibus evokes the first public transport line that linked Lyon to the Charpennes. And Désir de Fortunet was making gold decorations. Are not the red and golden hues of an Italian-style theatre the best things to make us think about them ? That gentleman donated his property to the Civilian Homes so that men could build an hospital, the one on the other side of the building...

5. "RUE DES GRANDS CHEFS"

Paul Bocuse's Restaurant, Collonges au-Mont-d'Or.
80 sq. m. 1993.

Richly decorated, the façade of Paul Bocuse's inn catches the eye. In the inner courtyard, you can sit in front of the illustrated panels. From one scene to another, seven in all, the atmosphere is improved by precise and historical references. Our taste buds are roused when we see the buissons of crayfish and the " demi-deuil " poultry[1]. The affinities between Bocuse the cook and the muralists of City of Creation have quickly emerged : in order to carry out this hymn to the glory of the cookery, five months of preparation and two months of work on the spot were needed. Always in the red and green setting Paul Bocuse is fond of, princes and princesses of the gastronomy are presented through two centuries of history. They are introduced to the joys of the good French cooking when wandering in the great restaurant courtyard.

First painting : Antonin Carême, Talleyrand's cook, is writing up notes that will be useful for the writing of his book on the French gastronomy.

1 : Poultry served in a white sauce with black truffles (NdT)

Second painting : In 1993, Fernand Point, a famous cook from Vienne, and his wife Mado got a three-star restaurant thanks to the Michelin guide.
Third painting : the "mères" (– mothers –) from Lyon have the place of honour. Edouard Herriot appreciated them, as Bernard Pivot said.
Fourth painting : Jean Troisgros, Jacques Pic, François Bise et Alain Chapel, the best chefs of the area, are gathered forever.
Fifth painting : Raymond Olivier and Julia Child, a star of the American T.V., have made the French cooking famous, including across the Atlantic.
Sixth painting : Honour to Shizuo Tsuji, author of Etude historique de la cuisine française, founder of a cookery school and the best worker of France.
Seventh painting : Paul Bocuse, surrounded by his team. The bass " en croûte " is ready, as well as the hay ham. Let's sit down to eat !

At the end of the itinerary, we can see a picture of Paul Bocuse himself.

6. OULLINS

The "Renaissance", rue Orsel, 250 sq. m., 1982.
"Jean-Jaurès School", 1 avenue Jean-Jaurès, 1200 sq. m., 1982.
"La Saulais", rue de la Convention, 1200 sq. m., 1982.

The "Renaissance !" The first fresco of the artists, who, by the time, were called "Popul'art", does not go unnoticed ! More than a thousand people from Oullins took part in the creation of the wall by accumulating the accounts. In Oullins, the "Renaissance" was formerly called "Maison du Peuple" (– People's House –) and was built in the 1920s by railwaymen. Nowadays, the fresco catches the eye ; it gets you right there. A childbirth in the flames. We almost hear the clash of the railroad iron sheets and of the engines that still accompany the life of the inhabitants of Oullins, from the workshops of the SNCF (– French national railway company –). This very realistic vision, with this background of machine-womb and of striking workers now belongs to the collective memory of the town.
Jean-Jaurès School results from the will to open a school up while changing the picture of the school itself. The mural painting wraps the whole building up like a gigantic notebook sheet. The school is an example successfully completed of the muralists' involvement in the Saulaie district.

7. THE WALL OF THE CINEMA

Or "La Sortie des Usines Lumière".

At the corner of the "Cours Gambetta" and of the "Grande Rue de la Guillotière", Lyon, 7th arrondissement, 500 sq. m., 1996.

Cinema found its place on one of the frescos of the town where it was invented. In Lyon by night, we can see the story of the Cinemascope, from the first silent film made by its inventors, to the famous shootings evoked by the film bills. It is a tribute paid to the cinema one must slowly savour. The small car park at the bottom of the fresco is really convenient for the people who want to stay a few moments...

TONY GARNIER URBAN MUSEUM
Concil housing estates we can visit

In the " Etats-Unis " district (Lyon, 8th arrondissement), the inhabitants and the artists of City of Creation made the original utopia of Tony Garnier's architectural project possible, almost a century after he concieved it. From now on, the first urban museum of the world is opened, in what was one of the first cheap residential complex built in Europe. 25 blind walls (23 m. high, 10 m. wide) were transformed into monumental frescos paying homage to Tony Garnier, who, in the 1920s, wanted to bring modern and functional comfort in a workers' housing estate. The first wall was painted in 1988, and ten years later, all the frescos of Tony Garnier Urban Museum were inaugurated. We can walk freely at the bottom of Tony Garnier's reproduced sketches. We come into the genesis of a work ; art is within the reach of everyone. Here, the architect's soul is very strong. Yet, in the 1980s, this city, whose representation was damaged by the crisis and unemployment, was almost demolished. A lot of time and energy were needed in order to make people accept the idea of the cultural reconquest of the district. The most involved dwellers also became guides invaluable to the development of their museum. Beside the frescos, a flat-museum evokes the city life in the 1930s. Passer-bys, tourists or tenants, if they go for a walk by day or by night, will be struck by the power emerging from the architect's works.

8. THE 25 FRESCOS OF TONY GARNIER URBAN MUSEUM

"Boulevard des Etats-Unis", Lyon, 8th arrondissement
25 frescos of 230 sq. m. each, (plus one of 250 sq. m.) made from 1988 to 2000.

Let's begin with the last fresco, situated 4, "Rue des Serpollières", designed on the fringe of the whole project and taking us off into the intimacy of Tony Garnier's house. He had already decorated the main wall of his villa... with a mural painting ! The itinerary is organized and commented on in four stages. Walls number ***1 to number 3*** set out and organize the next works. Walls number ***4 to number 14*** comment on Tony Garnier's great theoretical work, "An Industrial City". Walls ***number 15 to 18*** display parts of what the architect did in Lyon. Last, walls ***number 19 to number 24*** allow the artists of the whole world to suggest their vision of the ideal city.

You can find your way about thanks to the annotated plan put at your disposal by the museum.

1. A wall acting as a descriptive board : general layout of the 24 frescos in the district.
2. Tony Garnier as a visionary : tribute paid to the man. Picture, signature, sketches.
3. The 1900s : socio-historical context of the end of the 19th century.
4. " An Industrial City " : general plan of "An Industrial City".
5. The public utilities : administrative services, urban area, sport and cultural areas.
6. The station : the station opens onto the town via covered alleyways.
7. 8. 9. Common, individual and inner houses.
10. School. The class photograph was shot in 1933.
11. The Clocks Tower : The genuine 24-numbered clock of this administrative building reminds us of the continuous activity of the public utilities.
12. The health establishments : The residential hospital area is cut off from the rest of the town.
13. View of the factories : A daring picture of the industrial activity, on the scale of a controlled overexpansion.
14. The Steel Factories : A futuristic vision of a place of industrial production.
15. Gerland Stadium : The arches of the Gerland Stadium are the only remains of Tony Garnier's initial project.
16. Grange-Blanche Hospital : The residential hospital was commissioned in 1909 by Edouard Herriot to Tony Garnier, and is still in service.
17. Abattoirs of "La Mouche" : Tony Garnier Covered Market is an architectural prowess of 210 m. long, without any pillar. The key figures of the time appear at the begin-

ning of that building : the Lumière brothers, Laurent Bonnevay, Jules Courmont, Edouard Herriot and Tony Garnier.

18. The "Etats-Unis" District : The frescos are painted on the walls of this housing district, for which Tony Garnier made a series of initial drawings.

In 1991, the UNESCO awarded the Tony Garnier Urban Museum the "Mondial decade of the cultural developement" label. Artists from every continent worked on the theme of the Ideal City.

19. The Ideal City of Egypt : Abdel Salam Eïd integrated printed circuits, which are like hieroglyphs going up the three doors of the Ideal City.

20. The Ideal City of India : Shantaram Tumbda, of the Warlis tribe, strongly expresses the protective ritual that the newly-weds paint inside their house.

21. The Ideal City of Mexico : Arturo Guerrero and Marisa Lara are muralists from Central America. The stars seem to be melting and the angels link the men as well as the plumed serpents.

22. The Ideal City of the Ivory Coast : Youssouf Bath is a drawing teacher in Abidjan. His fresco evokes the relationships between men and spirits. It is an expressed will of a religious syncretism modelled on the one of the African colours : ochre, orange-coloured red and blue.

23. The Ideal City of Russia : It is a very couloured and utopian work made by Grégory Chestakov. A tangle of oddly shaped houses and monuments, far from the Soviet harshness.

24. The Ideal City of the United States : Matt Mullican made a majestic and inventive fresco calling to mind the urban world and its codes of communication. Machines are codified in blue, arts in yellow, metaphysics in red, language in black, biological evolution in green.

25. The 25th Painted Wall : it takes us off into the intimacy of Tony Garnier's house.

EIGHT FRESCOS IN LYON AND ITS SUBURBS : FROM THE OLDEST TO THE MOST RECENT ONES...

9. TRIPS WITHIN THE TOWN

A century of public transport in Lyon.

98, "Avenue Lacassagne", Lyon – 3rd arrondissement.

720 sq. m. – 1989

The history of The "Transports en Commun Lyonnais" (TCL – public transport in Lyon –)

unravels as time goes by on the outside wall of the "dépôt des Pins" (– Pines depot –). The itinerary is vertical, with seven pictures painted all along the gutter. The employees of the TCL firm contributed to the achievement of the fresco.

First painting. In 1885, in Lyon, the horse-drawn carriage prevailed. The drawing appearing in the newspaper "Guignol et Gnafron" represents a tramcar drawn by turtles... The Croix-Rousse funicular, the "ficelle" (– string –) is already there : tractor-drawn by cables, it takes the travelers up the hill, right from 1887.

Second painting. In 1880, the first (horse-drawn) tramway line was created. It linked the heart of the town, the "Place Bellecour", to Ecully. How things changed by then ! The car appeared then for the first time (a "Dion Bouton" in the picture), the electric tram already linked Lyon to Oullins... And in the air, a dirigible and an aeroplane are flying over the town.

Third panting. Electricity thoroughly prevails in the tramway domain. Three young women of fashion are crossing the street in front of three sandwich men. In the background, we can see the Perrache station, which evokes the railway.

Fourth painting. We can observe Tony-Garnier covered market, where the World Fair took place in 1914, and the pillar-shaped billboard, evoking the birth of advertising. The first bus with inflatable tyres appeared in 1924.

Fifth painting. Daily scene of life " Place des Terreaux ", in front of the town hall. The line number 13 is still working. It is a veiled reference to Jean Gabin and to the "films noirs" (– thriller movies –) of the forties. The trolley buses replace the tramway.

Sixth painting. The sixties : in the far distance, La Duchère tower. The traffic was heavier among the "Deux-Chevaux", the motor scooters, the "Motobécane". It was time of full blasts and baby boom. The "Omnibus et Tramways de Lyon" (OTL – Omnibus and tramway of Lyon –) became the "Transports en Commun Lyonnais" (TCL).

Seventh painting. A nearly futuristic atmosphere at the "Part-Dieu", a travellers' centre exchanges. Pedestrians and buses are forming romantic or enigmatic playlets. Speed, light and movements.

10. " HAUTE-ROCHE "

A fresco going over the wall.
"Avenue des Hautes-Roches", Pierre-Bénite.
300 sq. m - 1992

It is a gigantic postal card on a gable. We can see it as soon as we leave the village center and go toward the council housing estate of the "Haute-Roche" district. The breast wall, made to look like a heap of big rocks, lays the pictorial grouping out : the "Hautes-Roches". The main painting is sepia-coloured. It evokes the 1900s, when the boatmen used to moor their ships at the "holy stone" and used to cross themselves before braving the turbulent water of the Rhone. The natives from Lyon liked wandering along the river and its green banks, which sometimes were cultivated. A mountain biker crosses this landscape of the past, while a series of old postal cards evokes a more recent past : the 1960s. At that time, families from abroad settled there, attracted by the work offered in the petrochemestry sector.

11. LYON : HEALTH AND LIFE

115, "Avenue Lacassagn ", Lyon - 3rd arrondissement
500 sq. m. - 1992

This loads of bluish white faces, painted with the same blue as the Lipha laboratories sign, decorates two walls of Lipha's buildings and pays a tribute to all the scientists, technicians, physicians and professors, who contributed to the expansion of the medical research in Lyon. ***Claude Bernard***'s face overlooks the other ones. We can find ***Auguste Lumière***, chemist of genius, or ***Victor Grignard***, who got the Nobel prize of Chemistry in 1912. ***François Rabelais*** is conversing with ***Léon Bérard***, ***Louis Paufique*** and ***René Leriche***. We can note the presence of ***Raphaël Lépine*** (diabetes specialist) and of his brother, ***Jacques-Gaspard***, who developped effective surgical instruments. The red line of the electrocardiogram symbolizes the cycle of life : from young children to old people, bright colours enlighten the fresco.

12. AMBROISE PARE

Scenes of ordinary life.

"Résidence Ambroise-Paré"

16, "Rue Guillaume-Paradin", Lyon - 8th arrondissement

150 sq. m. - 1995

At the metro exit, we only see the soft-featured face of the surgeon Ambroise Paré, painted on the huge façade. Numerous characters wearing light, summer-coloured clothes are situated on the face, playing draughts, flying a kite, painting, playing with a ball, or skipping... When one is near the death's door, one remembers more and more one's childhood and one's fleeting moments oh happiness. On the next floor, old people are giving a wave of their hand to the newcomers. The Ambroise Paré residence is an elderly dependants' home.

13. " LYON TERMINAL "

A gigantic construction set in the harbour area.

300 linear meters for 70 containers of 12 meters long,

that is to say 2100 sq. m. of containers : 12 motifs for 210 painted pictograms.

Here we stand at the Edouard-Herriot harbour, the main industrial harbour complex of the Rhone way. All kinds of goods convey in transit by the river. An almost undermarine blue, taken from the graphic charter of the CNR ("Compagnie Nationale du Rhône" = National Company of the Rhone river), was used as a background for the containers, decorated with several pictograms symbolizing the various transported goods. The inhabitants of Lyon, who often frequent the Rhone way, got used to seeing the gigantic construction set these pictograms are creating, according to the harbour needs. Woven cables tautened between the portico girders bear the illuminated twelve-stars crown of the European flag, thus emphasizing the international dimension of this harbour.

14. THE SILK GATE

The silk streets, all along the Croix-Rousse.

"Clos Jouve"

4, "Rue Carquillat", Lyon - 1rst arrondissement

150 sq. m. - 1995

It is a vast portico done in trompe-l'œil, heading a frontal decorative itinerary entitled "Porte de la Soie" (- The Silk Gate -). In 1995, the UNESCO awarded City of Creation the project label associated with the world project "The Silk Roads" for this creation, that was allowed after the buildings of the "Clos Jouve" were restored. The motifs are inspired by the fabrics created by the artists of the silk century.

15. THE GERLAND FRESCO

18, "Rue Pierre-de-Coubertin", Lyon - 7th arrondissement.

190 sq. m. - 1998

On this oddly-shaped building standing next to an allotment, we can see a series of souvenirs reminding of the World Cup of 1998. We can also notice the strong symbols of the district, as well as the farm animals evoking the first use of the Tony-Garnier Covered Market, the former abattoir of Lyon. The medical research is also there (the central laboratory of Mérieux is situated in this arrondissement). The gardener of the allotment (the real one !) turns his back on the stadium...

16. THE MONTLUC FRESCO

How to find a new image to a wall ?

"Rue du Dauphiné", Lyon - 3rd arrondissement.

800 sq. m. - 1999

The Montluc fort is a holding place evoking pain and confinement, from the Resistant fighters of the past to the women of today. The inhabitants and the numerous associations of war veterans helped the artists to elaborate that fresco, for three years. The pain is evoked through universal references, among which we can find Van Gogh, the painter with the cut off ear. "Le champ aux corbeaux" (– The raven field –) is used as a background and as a pictorial repeat for this very special wall. Colours and paintbrush lines are fading so that only the names of the prisoners remain, as a litany. ***Jean Moulin*** appears as a watermark. The passing days are counted up by lines, as they are written of the cells walls. Just on the wall surface, this fresco conveys the best emotion, as though it was a very touchy person.

WALLS WHISPERING THROUGHOUT THE TOWNS[2]

17. BASILICAS OF SAINT-JUST

9, "Rue des Macchabées", Lyon - 5th arrondissement.
70 sq. m., 1993

That site was a very important place of spirituality in Lyon. An excerpt of the scenographic plan of Lyon, dating from 1550, represents the church of Saint-Just as it was at that time, sheltered by its outer walls. Twelve years after its completion, the church was pulled down by the Protestants troops of the baron "des Adrets". Thanks to its ochre shades, the fresco looks like a parchment.

18. GENAS

"Rue de la République" and "Grande Rue" (at the town entry), Genas.
80, 60, 40 and 30 sq. m., 1995

Genas is near Lyon. 100 years ago, people had to travel an hour and a half in order to join the great city. That is showed by the stagecoach inn that was there, at the bottom of the fresco reminding us of that time. In "Rue de la République", the rebuilding of the park as it was in 1900 evokes the sundays spent in the country. At the end of the day, people used to go to the café "Chez Jeanne".

2 : "Walls whispering" - "Murs qui murmurent"

19. "FETE LE MUR"

100, "Cours Charlemagne", Lyon - 2nd arrondissement
60 sq. m., 1998

In 1999, Yanick Noah launched the "Fête le mur"[3] operation, in order to suggest a way out through sport. That is what that wall shows.

20. INFOGRAMES

Quai Paul-Sédallian, Lyon 9e
80 sq.m., 2002

A new 80 m^2 strip painted by Cité de la Création on the façade of Infogrames Head Office, the worldwide video games specialist. Designed with the help of Bériou, Computer Graphics Designer, this mural work of art entitled "Briques & Break", depicts a future world where the (hyper) links draw people closer together...

21. VILLEFRANCHE

In praise of the conscripts.

"Belleroche" district, two frescos of 300 and 250 sq. m., 1994.
"Rue Nationale" : the Conscripts fresco, 150 sq. m., 1996.

In the "Belleroche" district, the first fresco refers to what the inhabitants of that district remember, the second one to the vineyard. In " Rue Nationale ", an unknown conscript appears in the "wave". Once a year, in november, the crowd, split up by age bracket creates a kind of swell rocking in the streets, as a symbol of generations showing solidarity.

3 : Untranslatable pun between "fête" = "feast" and "faites le mur" = "go over the wall" (NdT)

USED TECHNIQUES

How to make a fresco ?

Between the first time the artists of City of Creation touch the wall and the day they inaugurate the fresco, they must work for nine months, on average. Nine months of a creation with complex stages (researching locations, taking photographs, gathering informations, meeting people, dialoguing, applying for permission) and of making they have perfectly mastered, technically and artistically, for 25 years.

The different stages

- Preparatory model
- Model on a scale of 1 to 10
- Photographic research of these models (100 photos for 100 sq. m.)
- Enlargement on numbered tracing papers, like " crosswords "
- Positionning of the tracing papers on the wall coated with a support
- Powder drawing
- Research of the obtained traces
- Resumption of the drawings and markers on the wall
- Undercoating
- Coulouring

Who are they ?

Eleven people sign under the name of City of Creation : Marion, Pomme, Elizabeth, Odile, Aïcha, Jean-Michel, Gilbert, Halim, Michel, Jean-Paul and Pierre. Eleven associated artists, secretaries or administrators. Everybody is put on the same level and signs under the same name.

After they left the Fine Art School of Lyon, some members of a small group of artists settled in the Croix-Rousse, then in Vaise. Popul'art was born. Their members began to think about the artists' intervention in the urban environment, in order to "establish social interaction, catalyse human exchanges, clarify the pictures and give back the places an identity." Finding a financial balance by creating urban decors took time, a lot of time.

Then came the time of Oullins. The town rent out Ferdinand de Lesseps's former house

(the engineer who was in charge of the works of the Suez Canal) to the artists, for a modest sum. They were put in charge to restore the buildings situated in the middle of Chabrières park. In 1983, the team sailed for Mexico City and worked with the muralists of Tepito, the indigenous district of the town. It was an unforgettable experience. Since then, travels have followed one another, from Angoulême to Barcelona, from Pau to Mulhouse, from Leipzig to Quebec City or Jerusalem.
Back to Mexico, in 1984, City of Creation developped a structure and became a "Scop" (– cooperative company –). This experience proved that the world of the creation is not incompatible with the world of the free market economy.
The residents of the streets take part in every fresco scheme. The members of City of Creation consult and organize work-groups around the frescos being made. Nobody has ever written graffitis on the painted walls... Because they are muralists and mediators at the same time, the artists work in every kind of places, from the prison to the four-star restaurant.
Today, the members of City of Creation want to find work to young authors, to whom they learn their technical expertise. Today, it is time they handed over "to Lyon, where there still are about forty walls to be painted, among which ten are extraordinary ones."
In Lyon, if a genuine culture of the painted wall does exist, the works of City of Creation do not belong to the art market. Works are short-lived. Unfortunately, some of them have disappeared, but one of the greatest, the "Canuts" Wall in the Croix-Rousse, for instance, has been redone three times in ten years !
After the difficult negociations with the architects of "Bâtiments de France" (– France Buildings –), with the companies putting up the money for often almost 90% of the processes, the painted walls then stay out of copyright, free of charges. Beautiful story...

FURTHERMORE

City of Creation paints more and more outside Lyon. Nowadays, the artists are working in the whole world, with the same spirit. Their techniques and their expertise can be applied to other urban settings, to other towns stories... Some of the 200 walls painted by City of Creation can be seen on page 88.

A FEW POSSIBLE ITINERARIES

All the painted walls of Lyon cannot be visited at once. However, a few tours can be distinguished. Some propositions and useful addresses can be found on page 91.

Dépôt légal : 4ème trimestre 2002
Achevé d'imprimer : Octobre 2002
Imprimé en C.E.
sur les presses de **beta**
© création *france* **GRAPHIC** ▪ 04 77 23 70 80